하나님이 하시면
다릅니다

크리스천 자녀 교육

하나님이 하시면 다릅니다

이은희 지음

좋은땅

프롤로그

'이야기'

언젠가부터 새벽에 잠이 깬다. 그러면 끝도 없이 생각 삼매경에 빠지는데, 그중 항상 하는 생각이 '하나님이 내게 하신 놀라운 일들'이다. 그리고 그것을 주위 믿음의 부모들에게 전하고자 말로 풀어낸다. 그러다 문득 도저히 붙잡아 두지 않으면 안 될 것 같은 귀한 은혜가 떠오르면 냉큼 자리를 박차고 일어나 일기를 쓴다. 훗날 아이가 읽고 '엄마와 함께하신 하나님'을 느끼라고, 아이 또한 이렇게 주님과 소통하며 살라고……

그러던 어느 주일, 우리 교회에 새로 부임하신 담임 목사님이 '이야기'에 대해 말씀하셨다.

> **[본문] 여호수아 4:20~24**
>
> 20 여호수아가 요단에서 가져온 그 열두 돌을 길갈에 세우고
> 21 이스라엘 자손들에게 말하여 이르되 **후일에 너희의 자손들이 그들의 아버지에게 묻기를 이 돌들은 무슨 뜻이니이까 하거든**
> 22 너희는 너희의 자손들에게 알게 하여 이르기를 이스라엘이 마른 땅을 밟고 이 요단을 건넜음이라
> 23 너희의 하나님 여호와께서 요단 물을 너희 앞에서 마르게 하사 너희를 건너게 하신 것이 너희의 하나님 여호와께서 우리 앞에 홍해를 말리시고 우리를 건너게 하심과 같았나니
> 24 이는 땅의 모든 백성에게 여호와의 손이 강하신 것을 **알게 하며** 너희가 너희의 하나님 여호와를 **항상 경외하게 하려** 하심이라 하라
>
> **[설교]** 길갈의 열두 돌을 본 자손들이 이 돌들의 의미를 물으면 부모는 아이들에게 '하나님이 하신 역사를 들려줘야' 한다. 마찬가지로 지금의 우리에게도 '자녀들에게 들려줄 하나님과의 이야기가 있어야' 한다. 이 이야기는 나의 것, 하나님과 나만의 이야기이니 그 누구에게도, 그리고 그 어느 하나도 빼앗기지 않을 것이다.

이 설교를 듣는데 마음 깊숙이 눈물이 났다. 펜으로 따라가기가 버거워 블루투스 키보드를 꺼내 폰에 열심히 적어 나갔다. 새벽마다 하는 생각, 적어 나간 글들이 '어느 누구에게도 빼앗기지 않을 하나님과 나만의 이야기'였던 것이다!

> [설교] 이 하나님은 부모의 하나님, 부모에게만 나타나신 하나님이 아니라 아이의 하나님이 되어야 하기에 아이가 직접 체험적, 사건적으로 경험하게 해야 한다. 복음이 '이야기'가 되지 못하기에 앎과 삶이 분리되는 것이다. 복음의 선포가 우리 체험과 만나서 사건이 되는 현장, 그것이 바로 신앙이며, '이야기로 엮인 신앙'만이 강력한 힘을 갖는다.

내가 그 어떤 것보다 중요하게 생각하여 '목숨 걸고' 하는 일이 하나 있다. 바로 '내가 만난 하나님을 아이가 체험하게 하는 것'이다. 성경 동화책을 들려주고 성경 암송·고사대회에 열심히 출전시키고 예배의 자리에 늘 데리고 다녀도 아이가 하나님을 만나지 못하면 아무 소용이 없다. 말씀을 아무리 많이, 거침없이 암송한다 하여도 그 말씀이 아이에게 살아 있는, 실제적인 말씀이 아니면 결국 '그건 엄마 신앙이구요'라는 소리를 듣고 마는 것이다. 주위의 많은 믿음의 선배들이 이 때문에 낙심하며 눈물로 기도하는 것을 꽤 오랫동안 보아 왔기에, 나는 그 어느 것보다 절절한 마음으로 신앙 교육을 한다.

"아이가 스스로 만나야지 부모가 어떻게 해. 그저 기도만 할 뿐이지."라고들 한다. 맞는 말 같지만 아쉬운 구석도 많다. 아이가 하나님을 경험하기 위해서는 부모가 자신의 하나님을 많이 들려주고 아이의 하루하루가 하나님과 무관하지 않음을 깨닫도록 도와줘야 한다. 당연하게 여긴 하루가 당연한 것이 아니었음을, 그 걸음걸음이 하나님 안에서 이루어지고 있었음을 아이와 함께 나누었을 때 아이 혼자서도 하나님의 임재와 일하심을 느끼며 살아갈 수 있는 것이다.

이 이야기를 하라고 오늘도 새벽에 깨우셨구나. 03:38. 방학식과 졸업식을 앞둔 오늘. 내게 뭐든 일찍 시작하게 하시는 하나님이 이번 방학 때 이 책을 다 끝내시려고 방학 시작 전부터 나를 자리에 앉히시나 보다. ―실제로 이 글은 출판이 늦어졌을 뿐 새 학기가 시작되기 일주일 전, 2025년 2월 22일 토요일에 마무리되었다. 그러곤 미뤄 둔 여행 일주일, 곧바로 개학. 신묘막측한 하나님의 일하심을 어떻게 다 말하랴.―

Thanks for……
자기 생각이 강하고 제멋대로인 나를 끊임없이 참으시고 한결같은 사랑으로 만져 가셨던 하나님. 결국 '하나님만이 유일한 답'임을 깨닫고 무릎 꿇게 하셨다. 그리고 주신 자녀와 사랑하는 제자에게 그 '사랑 많고 오래 참으시는 하나님을 알게 하는 것이 내 삶의 최우선'이게 하셨다. 걷고 있는 이 길이 '다시 돌아와야 할지도 모르는 모호한 길'이 아니라, '모든 걸 걸어도 후회하지 않을 확실한 길'이기에 참으로 든든하고 행복하다.

젊은 시절 갖은 고생을 하며 키우셨음에도 늘 해 준 게 없다고 미안해하고 잘 커 줘서 고맙다 하시는, 눈부시게 아름답고 소중한 우리 부모님, 그 한없는 사랑으로 이제는 손녀까지 키워 내신다. 도저히 갚을 길이 없다.

마음은 크지만 표현이 부족한 며느리를, 단 한 번도 부족하다 여긴 적 없다며 꿀이 뚝뚝 떨어지게 예뻐해 주시는 시부모님. 친정 못지않게 편한 시댁이니 말해 무엇 하겠는가.

선한 인품과 넉넉한 베풂, 예리한 분석과 단계를 뛰어넘는 위트로 참 많은 팬을 가진 남편. 제자 교육과 자녀 교육을 마음껏 펼칠 수 있게 돕는 든든한 동역자다.

엄마를 믿고, 또 엄마의 하나님, 자신의 하나님을 하루하루 만나가며 함께 이 길을 걷고 있는 하은이에게 말할 수 없이 감사하다. 나의 어린 시절에 비하면 감탄이 절로 나온다.

이 조잡한 글이 세상에 나온다면 사랑하는 우리 하나님과 하나님께서 붙여 주신 이 소중한 이들로 인한 것임이 틀림없다.

차 례

프롤로그 '이야기'   4

I. 가장 중요한 교육   13

1. 고민   14
2. 가장 중요한 교육, 말씀   29
3. 다른 교육   37
4. 결단   40

II. 말씀 암송을 통한 신앙 교육   45

1. 암송? 굳이……?   46
2. 말씀 암송의 유익   48
3. 말씀 암송의 방법   66
4. 말씀 암송의 유의점   72

III. 독서하는 아이   83

1. 배경   84
2. 책에 빠진 아이   86
3. 즐겁게 읽는 방법   90

IV 초등 시기의 학업　　　　　　　　　　121

　1　배경　　　　　　　　　　122
　2　방향과 실제　　　　　　　　　　126
　3　유의점　　　　　　　　　　138

V 부모 및 주변 사람들과의 관계　　　　　　　　　　147

　1　아이는 변한다　　　　　　　　　　148
　2　관계의 중요성　　　　　　　　　　151
　3　부모와의 관계를 위한 노력　　　　　　　　　　153
　4　주변 사람들과의 관계를 위한 노력　　　　　　　　　　173
　5　크리스천 부모가 잊지 말아야 할 것　　　　　　　　　　177

VI 스마트폰　　　　　　　　　　187

　1　우리의 현주소　　　　　　　　　　188
　2　뭐가 그렇게 문제인가?　　　　　　　　　　190
　3　제대로 알기　　　　　　　　　　201
　4　방법이 있을까?　　　　　　　　　　208

VII 하나님의 마음　　　　　　　　　　215

에필로그　　　　　　　　　　222

I
가장 중요한 교육

1

고민

(1) 아이가 어떤 삶을 살기를 원하는가?

너무나 갑작스러운 출생

2월 4일. ○○이가 태어나기로 예정된 날짜였다. 첫아기이며 완전 초짜 엄마인 나는 그게 무엇을 뜻하는지도 몰랐다. 1월생부터 12월생까지가 한 학년임을 감안하면 아무래도 1, 2월생이 12월생에 비해 몸집도 크고 여러 면에서 조금 더 나을 것이라고 여긴다는 걸 아이를 조산하면서 알았다.

12월 28일 주일. 여느 때처럼 학교 내 교회에서 학생들과 예배를 드리고 ―특히 이날은 돌아가며 하던 심화 강의가 내 순서라서 반별 공부 후에도 '성령'에 관해 한 차례 더 나누고― 패밀리 레스토랑에서 아이들 점심까지 먹인 후 바쁘게 모교회로 달려가 청년부 예배를 드렸다. 5시경 시댁에 잠시 들를 일이 있어 약국에서 철분제를 사고 시댁으로 향하는데 몸이 이상했다. 흐르는 게 양수였음은 나중에 안 사실. 돌아가는 차 안에서 여기저기 전화를 걸어 수소문해 봤지만 나를 받아 줄 병원이 없었다. 응급실이 가능하면 병실이 없고 병실이 있으면 호출할 수 있는 의사가 여의치 않고……. 아이가 배 속에 있은 지 34주 4일째였는데 내가 다니던 병원은 신생아 집중 치료실이 없어서 36주 미만의 산모는 어차피 대학병원으로 이송해야 한단다. 그렇게 뺑뺑이를 돌다가 친정어머니께서 찾아내 주신 대학병원으로 가서 응급 처치를 받았다. 흐르는 양수는 막았지만 출산은 곧 해야 한단다. 4일만 지나면 새해인데……. 진통을 좀 참아 볼 테니 며칠만 있다가 낳으면 안 되겠냐 했더니 씩 웃으시며 늦어도 내일은 출산을 해야 한단다. 하늘이 무너진다는 게 이런 것일까? 정신이 하나도 없었다. '나의 잘못으로 우리 아기는 태어나자마자 두 살이 되는구나' 싶어 서럽고 미안하고…… 막막했다. ─삶의 관록이 있으시고 항상 내게 너그러우신 시아버님은 한 살이라도 어릴 때 아기를 낳을 수 있어 얼마나 감사한지 모른다 하셨다고 한다.─

아이는 그날 밤 11시 53분에 모습을 드러냈다. 태어나자마자 간호사 선생님이 아이를 안고 전속력으로 달려 바로 옆 신생아 집중치료실로 데려가셨다.

영아부 전도사님이 알려 주신 것들을 바탕으로 출산에 대해 구체적으로 기도를 해 왔는데, 그 기도대로 큰 고통 없이 출산했고 초유도 먹일 수 있었다. 비록 유축기를 이용해 모은 모유를 면회 때마다 아침저녁 부지런히 나른 것이었지만…….

내가 이 아이와 할 일이 있다

다음 날 아침 면회 시간에 처음 얼굴을 본 후, 아이는 신생아 병동에서, 나는 몇 정류장 떨어진 조리원에서 생활했다. 낳은 아이를 곧바로 옆에 뉘여 수유를 하는 엄마들이 그렇게 부러울 수가 없었다. 새해 타종 소리가 난생처음으로 괴롭고 원망스럽게 느껴졌다. 중간중간 아이의 상태를 전화로 체크했고, 하루 두 번 빠짐없이 면회를 다닌 남편이 아이의 소식을 전해 줬다. 그렇게 시간이 흘러 12일 만인 1월 8일 저녁, 아이를 퇴원시켜 품에 안을 수 있었다. 그 느낌과 감격은 지금도 생생하다.

아이 없이 혼자 그야말로 '조리'를 했던 근 2주 동안 나는 내 몸조리만 했지 아이를 씻기거나 젖을 물리는 방법도 배우지 못했기에 한 주 더 생활하면서 이것저것을 배우고 나왔다.

아이를 안고 집으로 돌아온 첫날 밤, 마음이 아파 펑펑 울었다. 눈도 뜨지 못하는 갓난아기가 두 살이 되어 버린 데 대한 미안함이나 억울함이 아니라, 이 아이가 겪어야 할 세상의 많은 풍파들 때문에 가슴이 쓰렸다. '고단한 이 세상에 나 좋자고 이 아이를 낳았나.' 싶은 미안함과 안쓰러움이었다. 시험, 성적, 입시, 입사, 관계, 심지어는 단잠에서 깨기 힘들어 괴로워할 그 아침까지도 아이에게 미안했다. 그렇게 눈물 반 기도 반으로 밤을 보내고 있는데 하나님의 마음이 느껴졌다.

'은희야, 세상이 녹록지 않은 건 맞아. 그렇지만 너 때문에, 너 좋자고 이 아이가 태어난 건 아니란다. 내가 이 아이와 할 일이 있어. 너와 상관없이 내가 이 아이와 할 일이 있단다.'

그 한마디로 힘들었던 마음이 평온해졌다. 얼마나 다행이었고 감사했는지 모른다.

조산도 하나님의 큰 그림

사실 아이가 태어나기 하루 전날인 12월 27일 토요일은 4~6주 만에 돌아오는 정기 검진일이었다. 내가 다니던 병원도 지역에서 꽤 크고 유명한 병원이어서 이곳저곳에서들 찾아오는 곳이었지만 늘 나를 끔찍하게 생각해 주는 교회 후배가 "누나, 우리 와이프는 누나보다 어린데도 얼마 전 아기 낳을 때 고생했잖아. 그러지 말고 대학병원 가라. 꼭, 꼭!"이라고 귀가 아플 정도로 말해서 검진 날 원장님께 여쭤봤다. 그랬더니 '산모도 아이도 건강하기 때문에 전혀 걱정하지 않아도 된다'고 자신 있게 말씀하셨다. 그런데 바로 다음 날 양수가 터져 출산을 했으니, 이는 분명 하나님의 큰 그림이라고 믿는다. '하나님이 키우시면 조산한 12월생도 다르다'는 것을 보여 주시려는 하나님의 각본. 하지만 이건 어디까지나 내가 영적으로 건강할 때의 이야기이고, 내 영이 곤두박질칠 때면 어김없이 하나님이 원망스럽고, 내가 어떤 실수를 했기에 이런 일이 일어나고야 말았는지, 학교에서 생각 없이 무리한 일은 없었는지, 그즈음의 일상을 더듬어 나갔다. 아이에게 죄스럽고 스스로가 미웠다.

"몇 살이에요?"라는 물음에 늘 "○살이에요, 하지만 12월생이라…….".라는 군말을 붙여 가며 아이의 몸집이 한 살 아래 동생들과 같음을 변명해 대던 나는, 당시 청와대 '국민청원' 게시판에 '만 나이 제도'를 시행하자는 글에 '찬성합니다'를 달고 주변의 늦은 생일자의 부모들에게 동참을 권유하려다가 문득 '아, 이건 하나님의 방식이 아니지'라는 생각이 들어 스스로가 어처구니없게 느껴졌다. '하나님이 일하시면 다르다며? 그거 보여 주시려는 거라며?'라는 자책과 함께.

간혹 '12월생은 초등학교 저학년이 돼도 여전히 작다, 고학년은

돼야 따라잡는다'는 말을 들으며 아이가 왜소해서 이리저리 치이거나 자존감이 떨어질 것을 염려해 하나님께 기도했었는데, 고학년은 커녕 초등 2학년도 지나기 전에 이미 국민청원을 하려 했던 일도, 간절했던 기도제목도 새삼스럽게 여겨질 만큼 아이가 쑥쑥 정말 잘 커 버렸다. 그 당시는 마음을 할퀴던, 내게 너무 큰 문제였는데 지금은 '아, 맞다. 내가 그런 일로 기도했었지?' 할 만큼 작은 문제가 돼 버렸다. 하나님 안에서 살아가는 기쁨, 믿지 않는 이들은 상상조차 하지 못할 행복감이 이런 것이다. ―예전에 동참하려다 '주님께 온전히 맡기자' 하며 그만둔 그 '만 나이 법'도 2023년 6월부터 시행이 된다는 갑작스러운 소식에 어안이 벙벙하고 웃음이 났던 건 안 비밀~!

하나님이 하셨어요

'36개월은 지난 뒤 보육시설에 보내라'는 영아부 전도사님의 의도를 모르는 바 아니었기에 두 살인 12개월까지는 내가, 세 살인 24개월까지는 친정 부모님이 아이를 돌봐 주셨고 만 2세인 27개월에는 어린이집 4세 반에 보냈다. 기관에 보내지 않고 아이와 하루 종일 함께 있어 본 이들은 그것이 얼마나 지치고 힘든 일인지 잘 알 것이다. 나는 그래도 아이 엄마니까 괜찮다지만, 연로하신 부모님께 아이를 온종일 맡기는 것은 너무나 죄송한 일이어서, 두 돌 즈음에 교회에서 주최하는 '아기 학교'와 집 앞 문화센터의 프로그램에 한 번씩 데려가시게 했다. 하루는 내가 시간이 되어 친정어머니 대신 갔는데, "오늘은 엄마가 데려왔나 봐요" 하며 알은체를 하는 한 어머니가 아이의 생월을 묻는다. 12월이라 했더니 아이가 영리해 보여 6월생인 본인 아이보다 한참이나 빠른 줄 알았다며 무척 놀라신다. 여자아이라 좀 빠릿빠릿해 보였는지는 모르겠으나 순간 나도 모르게 "제가 교회를 다니는데요……."라며 이 아이가 하나님이 키우시는 아이임을 이야기했다. 오랫동안 하나님의 계획이라 여겨 왔던 대로……. 당신의 살아 계심을 드러내시려고 이런 특이한 출생을 허락하셨다고 믿어는 왔지만 이렇게나 빨리, 또 이런 곳에서 이야기하게 될 줄은 몰랐기에 참 어리둥절하고도 감격스러웠다.

(2) 어떤 게 진정한 행복인가

잠시 눈을 감고 생각해 보라.
'난, 지금, 행복한가?'
내 대답은 '예스'다.

정말 '늘' 그렇냐고? 물론 늘 그렇지는 않다. 출산 후 아이를 우리 집에서 재운 첫날 밤, 아이 앞에 놓일 고단한 세상을 생각하며 펑펑 울었다고 하지 않았던가. 그런데 왜 '예스'냐고? 한고비 넘으면 또 한고비, 한 가지 문제를 넘기면 또 새로운 문제가 펼쳐지는 우리네 삶은 그리 행복할 리 없지마는 '하나님이라는 존재를 알고 살아간다는 것' 그 자체가 더할 수 없는 행복이요 든든함이기 때문이다.

Mission school에서 교편을 잡게 된 이유도 그렇다. 임용 공부를 하면서 잠시 내 모교였던 ○○여고에서 수업을 했는데, 우리 반 여학생 한 명이 외국으로 공부를 하러 간다며 입학한 지 두 달 만에 자퇴를 했다. 아쉬움과 축복의 마음으로 그 아이를 송별했는데, 오래지 않아 계획대로 일이 풀리지 않아 한국으로 돌아왔고 여러 복잡한 마음으로 극단적인 선택을 했다가 친구들과의 모임 가운데 나를 찾았다. 오랜 시간 상당히 많은 대화를 나눴지만, 결국 내가 그 친구에게 전해 줄 수 있는, 나의 가장 확실한 해법은 '하나님'이었다.

이 친구 외에도 부모의 연이은 사업 실패, 혹은 갑작스러운 가계의 어려움으로 휘청하는 집안 분위기 속에서 자신까지 삶을 놓아 버리고 싶다는 아이들, 정상적인 교육 과정을 수료하고 대학에 진학하기를 원하는 부모와 달리 한사코 학교를 그만두고 싶어 하는 아이, 성적에 대한 부담감과 압박감이 커지면서 본래의 선한 눈빛을 잃어버리고 누구도 터치하지 못하게끔 가시를 세우고 남도 찌르고 자신도 찌르는 아이 등 다양한 아픔을 지니고 살아가는 우리 고등학생들을 보며 내가 해 줄 수 있는 최선이 무엇인가를 참 많이 고민하게 된다. 더불어 '내 자녀는 어떻게 가르쳐야 할 것인가'도 참으로 큰 고민이다.

물론 답은 하나다. 우리를 만드시고 우리를 가장 잘 아시는 하나님을 만나면 된다. '반드시 찾아올 유혹과 시련을 하나님과 함께 이겨 내는 사람으로 자라나게 하는 것', 이것이 내 교육의 가장 큰 목표다.

'하나님을 믿기에 늘 행복하'면 참 좋겠지만 현실은 그렇지 않다. '주님의 나라'라는 확실한 착륙은 보장되어 있지만 그렇다고 비행 내내 안전할 것이라고 말할 수는 없는 것. 하지만 하나님과 함께 가면 내 조종 실력이 어떠하다 할지라도, 기류가 영 받쳐 주지 않는 난코스라 할지라도 걱정 없다. 그것을 확신하기에 '난 행복하다'고 말할 수 있는 것이다.

아이도 이러한 '진정한 행복'을 누렸으면 좋겠다는 것이 교육의 방향을 결정짓는 가장 중요한 기준이었고 그것을 위한 방안으로 나는 '말씀 암송'을 택했다. 참으로 많은 고민과 기도 가운데 결단하게 된 것인데, 이것을 결심하고 행동에 옮긴 이후로 나는 말할 수 없이 견고해졌고 행복해졌다.

해법을 찾기 위한 부단한 노력

　앞에서 말한 청소년들의 안타까운 모습은 비단 부적응 학생들에게만 해당되는 것은 아니다. 성적으로만 봤을 때 학교생활이 행복한 학생은 4%도 채 되지 않는다는 말도 있는데 —당시 내신 1등급의 인원이 4%라서 나온 말인지도 모르겠다— 학생들을 가까이에서 지켜본 바로는 그 4% 이내의 학생도 매번 피눈물 나는 경쟁을 하고 있고 불안과 압박감으로 인해 오히려 더 살벌했으면 살벌했지 그다지 행복해 보이지는 않는다.

　행복한 삶을 살았으면 좋겠는데, 이런 외적인 요소로 인해 행복하지 않아 하는 청소년들을 20년 가까이 봐 오면서 나는 내 자녀를 어떻게 키울 것인가에 대한 고민을 누구보다 절절하게 했다. 할 말, 안 할 말 다 하는 대찬 아이들과는 달리 우리 아이는 아는 것도 안다고 드러내지 않고 주목받는 것도 그다지 좋아하지 않는 아이였기에 —지금은 그렇지 않은데 5~9세 땐 심했다— 아이가 어릴 땐 학업은 둘째고 사회성, 성격, 자존감 등에 대한 내 고민이 컸다.

　육아 관련 서적이나 동영상을 있는 대로 찾아보고 그것을 토대로 자녀 교육 방향을 잡아 나가고자 했다. 지금은 육아 서적들이 넘쳐 나지만 불과 몇 년 전만 해도 자료가 참 빈약했다. 게다가 몇 가지 발견해서 탐독해 봐도 2%, 아니 20% 부족한 느낌을 지울 수가 없었다. 배울 내용들은 많았지만 그 기저(基底)에는 철저한 인본주의적 사상이 깔려 있어 완전치가 않았기 때문이다. 열심을 다해 달린다고 해도 방향이 잘못되면 그 열심만큼이나 되돌아가야 할 길은 훨씬 멀다. '속도보다 방향'이란 말도 있는 것처럼.

올바른 방향으로 가기 위한 고민의 한가운데에서 힘들어하고 있을 때 곁에 있는 한 후배가 질타가 아닌 '찐궁금증'으로 "언니는 뭐가 그렇게 불안해요?"라고 물어 온 적이 있다. 앞에 놓인 수많은 길 중 내가 잘못된 길을 선택해서 돌이키기가 힘들어질까 봐 걱정이 많았던 것이다.

그래서 절절히 기도하며 크리스천 육아 서적을 찾아 헤맸고, 믿음의 선배님들의 강의를 샅샅이 검색했다. 존경하는 목사님, 배우신 애라, 대안 학교나 홈스쿨을 하고 계신 여러 분의 이야기를 통해 말씀 안에서 나만의 교육 철학을 세워 나갔다.

그렇게 해서 세워진 나의 교육관의 가장 큰 줄기는 첫째, '아이의 마음에 다른 어떤 것보다 말씀을 심어 주자', 둘째, '지식 교육은 천천히, 아이가 원할 때 기쁘게 하자'였다.

드디어 찾은 평안함

아이가 초등 고학년이 되어 가는 지금, 이제는 "뭐가 그렇게 불안해요?"라는 질문 대신 "이럴 땐 어떻게 교육하나요?"라는 질문을 많이 받는다. 그동안의 수많은 고민과 눈물의 기도를 통해 '교육의 굵은 줄기'를 잡고 실천해 가고 있음을 많이들 보고 계시기 때문이리라.

아이마다 부모마다 가치관이나 추구하는 방향이 다르기 때문에 이것만이 옳다고 말할 수는 없다. 내가 나만의 방식을 더듬어 찾아갈 때도 "이건 아니지. 이건 내 가치관(혹은 내 상황)과 맞지 않아" 하며 패스한 것도 있었듯이…….

가 보지 않은 길이기에 그 결단이 쉽지는 않지만 단 하나, 절대 타협할 수 없는 게 있는데 그건 바로 '말씀 암송'이다. 이걸 찾게 되고는 더 이상 불안해하지 않는다. 순간순간 크고 작은 선택의 갈림길은 있지만 '제대로 된 방향, 절대 후회하지 않을 방향'을 찾았기 때문에 든든하다.

아이가 한글을 깨치는 것이 늦어 고민을 하는 후배가 있었다. 아이와 엄마에게 걸맞은 책을 권해 주러 약속 시간에 맞춰 도서관으로 가는 길. 그 길을 걷다가 그동안 내게 부어진 하나님의 은혜가 너무나 크고 아름다워서 눈시울이 뜨거워졌다. ―내게 성령의 충만

함은 이런 일상에서 찾아오는데, 머리를 빗을 때, 길을 걸을 때, 책상에 앉아 업무를 볼 때 등 다양하다— 너무 행복하고 감사해서 도서관에 도착하자마자 책을 찾는 것도 잊고 메모[1]를 하기 시작했다.

> 2022년 6월 10일 (금)
> [○○이의 엄마와 □□도서관- 말씀 암송을 권유]
> ○○이 엄마가 ○○이의 한글 떼기를 위해 서점에 가자고 한다. 그런데 서점이 아침 늦게 오픈해서 □□도서관으로 장소를 바꾸었다. 가는 길에 그동안 받은 은혜가 밀려와 2층 열람실에 앉자마자 이렇게 메모를 한다.
>
> 〈감사와 다짐〉
> 1. 2년간의 휴직 기간 알차게 보내게 하심.
>   - 5개월(21년 3월~7월): 대안학교(5명 아이들의 교사)
>   - 7개월(22년 8월~22년 2월): 홈스쿨
>   - 1년(22년 3월~23년 2월): 학교+홈스쿨 병행
>   아이의 삶과 내 삶에 다시 안 올, 아주아주 소중한 시간

---

[1] 나는 감사한 일이 생각나면 두고두고 그 은혜를 곱씹고 싶어서 적어 두는 버릇이 있다. 한번은 학교 학생들과 1박 수련회를 갔는데, 명단 체크, 전체 공지, 예배 반주, 셸장 등 과중한 업무에 정신이 쏠려 그만 잠자리에서 입을 옷을 챙기지 못했다. 마음 예쁜 선배 선생님이 자신은 원래 겉옷을 안 입고 잔다며 내게 꾸역꾸역 반바지를 빌려주셨고 그 감사함을 잊지 않기 위해 메모를 해 둔 것은 물론이거니와 그분이 춥거나 불편하지 않기를 밤새 기도했다. 이 에피소드로 인해 '선행을 베풀려면 은희 쌤한테 베풀자'라고들 하셔서 한바탕 웃은 기억이 있다.

- 의미 있게, 많은 추억 쌓으며 보내야 함
- 여행, 독서(도서관, 서점), 운동(자전거, 인라인), 악기(피아노, 우쿨렐레, 칼림바, 바이올린), 각종 프로젝트 활동
- 학교생활 전반을 함께 의논하고 실천하기

2. 바른 방향으로 나아감
   - 말씀 암송과 예배
   - 우리의 존재에 대한 바른 인식 + 주님 주신 말씀에 근거한 모든 활동들(암송, 나눔, 계획, 실천)
   → 그래서 모든 문제와 고민의 끝에는 희망과 안도, 감사가 있고, 곁에서 힘들어하는 이들을 주님의 방법으로 도울 수 있다, 지금처럼…….

3. 잊고 있던 나만의 장점을 깨닫게 됨
   - 학생, 학부모와 놀라우리만큼 끈끈하고 많은 인정과 사랑을 받음

4. 스스로에 대해 Down되는 마음(자존감 하락)이 없어지고 나를 인정하고 긍정하게 됨
☆ 휴직 전 기도제목이자 결심이었는데 응답되어 감사!!

후배가 도착해 함께 책을 찾는데, 갑자기 '암송을 하면 한글 깨치는 일은 해결이 된다'라는 마음을 주셔서, 곧바로 옥상 야외 테이블로 데리고 가서 암송을 권했다.

이 땅에서의 행복은 덤

담임 목사님이 "구원 자체가 중요한 것이 아니라 구원받은 삶을 살아간다는 것이 중요하다"라고 하신 적이 있다. 물론 구원이 안 중요하다는 것이 아니라 '구원'이 단지 미래를 위한, 미뤄진 행복이기만 한 것이 아님을 강조하신 것이리라. 언젠가 수업 중 '나중에 누릴 행복을 위해 지금의 즐거움을 유보하는 우리네 삶'에 대해 이야기 나눈 적이 있다. 더 나은 대학과 더 좋은 학과에 들어가기 위해, 더 멋진 직업을 갖기 위해, 더 많은 보수를 받기 위해 현재의 고난쯤은 감내해도 좋다고 생각하는 것. 하지만 그렇게 '나중에 나중에' 하다가 정작 돈과 여유가 생겼을 때는 건강이 악화되고 장시간의 비행이 어려워져 세계 일주를 포기한다는 안타까운 이야기처럼 그렇게 뒤로 미루고 미루는 행복이 아니라, '구원의 삶을 살아간다는 것은 지금 당장 느낄 수 있는 행복'인 것이다. 그래서 나는 내가 행복하다고 자신 있게 이야기할 수 있다. 구원받은 우리가 이 지구상에서 이미 그 감격과 은혜를 누리면서 살아간다는 것, 하나뿐인 소중한 우리 아이에게 그 행복을 알려주고, 함께 누리기 위해 같이 말씀 읽고, 해결되지 않은 문제를 두고 함께 기도하는 삶을 산다는 것. 그래서 한 치 앞을 알 수 없는 미래지만, 내가 없어도 말씀이 있어 아이를 안심하고 주께 의탁할 수 있음이 얼마나 감사한 일인가. ―원래 내 것도 아니지만…….―

가장 중요한 교육, 말씀

(1) 궁극적 목표 '믿음의 사람'

　하나님을 제대로(?) 믿는 사람이라면 누구나 공감하겠지만 아무리 공부를 잘해서 좋은 대학, 좋은 직장에 들어간다고 해도 하나님의 사람으로 하나님께 사용되는 삶이 아니면 '진정으로' 행복하지가 않다.
　힘들어하는 친구나 제자들, 심지어는 감사한 마음을 표현할 방법이 없는 부모님께도 가장 좋은 위로와 선물은 '하나님'이 아닌가. 캄캄한 터널 속에 있을 때 물질적인 도움보다도 더 근본적인 해결책은 동역자의 '진심 어린 기도'다.
　아이의 삶도 그렇지 않겠는가. 바이러스(코로나-19) 하나 어찌하지 못해서 벌벌 떨었던 우리가 또다시 모든 걸 좌지우지할 수 있는 양 교만하게 행해서는 안 되는 일……. 그래서 나는 한계투성이인 인간이나 세상의 그 무엇보다 '하나님께' 아이의 삶을 의지하기로 했다! 앞에서 말했듯이 '반드시 찾아올 유혹과 시련을 하나님과 함께 이겨 내는 사람으로 자라게 하는 것', '아이가 믿음의 사람으로 성장하는 것'. 이것이 나의 육아와 교육의 궁극적 목표다.

(2) 이렇게 가도 괜찮을까?

그래서 고민인 것이다. 지금의 교육만으로 괜찮을까?

① 학교 교육

공교육에 몸을 담고 있는 사람으로서 공교육에 대해 고민을 한다고 말하기가 참 꺼려지지만, 사실 염려스러운 것이 많다. 그런데 내가 특별히 손을 쓰지 않으면 아이는 자연스럽게 이 교육을 받아야 한다. 많은 사람들이 일반적인 공교육을 받는데 왜 나는 그것이 두려운 것일까?

상상을 초월한 경쟁

우선 무자비한 경쟁으로 우리 아이들의 인성이 망가지고 있음이 크다. '과도한 스트레스를 주지 않기 위해 그냥 걷기만 하면 된다며 편안한 마음으로 학교 트랙에 내보내지만 막상 닥쳐 보니 모두가 달리고 있는 상황이라면 우리 아이에게만 괜찮다고, 그냥 계속 걷기만 하라고 말할 수 있을까?' 우리 학교 선생님 한 분이 하신 말씀이다. 그렇다. 아직은 집에서 문제집만 풀고 학원은 초등 4학년이 돼서야 '영어' 한 과목 보내고 있지만, 한 해, 두 해 학년이 높아지는데 아이의 성적이 친구들보다 떨어진다면 '이젠 너도 걷지 말고 달려야 한다'고 말하게 되지 않을까.

무의식중에 친구와 경쟁을 벌이는 것이 과연 바람직한 인간관계를 형성하는 데 도움이 될까? 아이가 100점을 받아 오면 칭찬보다 먼저 '반에 100점이 몇 명인지' 묻는다는 우리나라의 엄마들. 아이의 내적인 성장이 아니라 친구들과의 경쟁을 은연중에 유도하는 우리. 이 모든 것은 결국 성적순으로 대학이 갈리고 직업이 달라지기 때문이리라.

모두가 일정 수준의 성취를 거두고 뒤처지는 친구를 권면해 가며 함께 목표를 이루는 교육은 정말 우리나라에서는 요원(遙遠)한 것인가? 지금의 입시 제도에서는 '그렇다'고 할 수 있다. 성적을 일렬로 나열하지 않고 대학이 서열화되어 있지 않으며 누구나 자신이 원하는 학과에 진학할 수만 있다면 적어도 학교에서의 경쟁은 해결되겠지만……. 『우리의 불행은 당연하지 않습니다』에서 우리나라의 경쟁 교육을 '야만'이라고 정의한 김누리 교수는 이러한 경쟁 사회를 해결할 방법까지도 제시하고 있다. 비판은 누구나 할 수 있으나 대안 제시가 쉽지 않기에 눈을 크게 뜨고 보게 되는 대목이다. 그는 국립대학 네트워크화 및 사립대학 공영화를 통해 대학의 서열 구조를 없애는 방식으로 우리 학생들의 열등감을 해소할 수 있다고 주장한다.[2]

불건전한 또래문화

미성숙한 또래 안에서 주고받는 내용도 걱정스럽다. 사람이 선하지 않고 아이는 더욱이 미성숙하기에 '선한 것'보다는 '악해도 재미있는 것'에 끌린다. 교실에서도 목소리가 크고 힘 좀 있다 하는 아이들이 대부분의 친구들을 이끌고 휩쓴다. 분별력이 보다 떨어지는 초등학교 시절은 더더욱 조심스럽다. 정의를 기뻐하고 옳은 방향으로 마음이 뻗어 있으면 걱정할 것이 없겠지만, 그렇지 않은 경우는 반

---

[2] 김누리, 『경쟁 교육은 야만이다』, 해냄출판사 (2024), 319~327쪽

분위기가 엉뚱한 쪽으로 한참이나 흘러가 있음도 많이 보게 된다.

우리 집 아이는 휴대전화나 태블릿 PC 등의 전자기기가 없음에도 불구하고 춤도 유행어도 참 많이 배워 오고, 스마트 기기 다루는 능력은 태어날 때부터 모든 아이들에게 장착이 되어 있나 싶을 만큼 부모를 능가한다. 그러니 전자기기를 소지한 아이들의 경우는 말해 무엇 하겠는가. 남자는 게임에, 여자는 유튜브나 SNS에 심취해 있다. 현재 대한민국 국민의 1/4이 미디어 중독이며 개중에 초등학생의 비율은 심각한 수준이라는 보도를 심심찮게 접하지 않는가. 건전한 또래문화 정착이 힘든 또 하나의 이유다.

비인격적인 학업량

과도한 공부로 우리 아이들은 많은 시간을 학원에서 보내고, 볕 좋은 햇빛 아래서 뛰어노는 데는 충분한 시간을 할애하지 못한다. 우리 집 아이의 경우 학교 방과후 수업이 끝나면 대개 4시, 영어 학원을 다녀오면 5시 30분이다. 만약 여기에 수학, 피아노, 운동 등을 더 보탠다면……. 대한민국은 초등학생도 한가할 틈이 없다.

교육과정상 초등학교 3학년 때 영어가 들어오며 4학년부터는 교과 내용이 어려워진다. 초등 5학년 때 수학 푸는 걸 보면 대학이 어느 정도 보인다고 하며, 중학교 2학년쯤 되면 최상위권에 들 수 있을지 아닐지가 판가름 난다고들 한다. 그래서 너도 나도 학원 열풍이다. 초등 단계에서는 내용이 쉽고 양이 많지 않아 그럭저럭 잘 따라오니 자꾸만 더 보태게 되는데 쌓이면 그 양이 어마무시하다. 학원 한두 개면 서너 시간이 훌쩍 지나가니 '너무나 중요한 자기주도학습'을 할 시간도 없다. ―주위를 보니 심한 경우, 초등 저학년이 등교 전에 과외를 받기도 한다.

정작 가르쳐야 하는 내용은 부재

가장 중요한 건 뭐니 뭐니 해도 '교육의 내용'이다. 세상 교육과정에는 하나님이 없다. 굳이 진화론을 거론하지 않더라도 반기독교적인 내용들이 참 많이 깔려 있다. 어릴 때부터 성경을 가르쳐야 하지만 종교적 중립을 지켜야 하는 공교육에서는 불가능하다.

> 또 어려서부터 성경을 알았나니 성경은 능히 너로 하여금 그리스도 예수 안에 있는 믿음으로 말미암아 구원에 이르는 지혜가 있게 하느니라 (디모데후서 3:15)

② 교회 교육

그러면 교회에서는 가능한가? 일주일에 1시간의 주일학교 예배로는 시간이 턱없이 부족하다. 168시간(24시간×7일) 중 딱 한두 시간만 성경책을 펴고 말씀을 듣는데 어떻게 말씀이 아이의 마음 깊숙이 심길 수 있을까? 부서 담당 교역자께서 힘이 빠질 만한 대목이다. 그래서 우리 교회 전(강)도사님은 토요일을 이용해 제자반, 성경공부반을 운영하시는데 아이들도 바쁘고 부모도 데려다주기가 여의치 않아 주일학교 학생의 절반도 참여를 못 하고 있다. 말씀이 마음에 쌓이는 데 분명히 한계가 많다.

③ 가정 교육

남은 건 가정뿐. 사실 역사를 거슬러 올라가면 동서양을 막론하고 교육은 가정에서부터 시작되었다. 공교육이 보편화된 것은 역사가 길지 않다. 게다가 '문제 부모는 있어도 문제 아이는 없다'라는 말을 들어 보지 못한 사람이 없을 정도로 가정에서의 자녀 교육은 말할 수 없이 중요하다.

여느 아이들보다 총명하면서 예의 바르고 겸손하며 교우관계도 좋은 아이를 보면 부모가 보고 싶어지고, 그 부모에게서 내가 배울 점이 무엇인지 생각해 보게 된다. 마찬가지로 매사에 의욕이 없고 이기적이고 예의 없고 제멋대로인 아이를 봐도 부모가 궁금해진다. 분명 이 아이가 이런 태도를 지니게 된 데는 외적인 요인이 있기 때문이다.

한편, 부모가 인성이 좋고 겸손하며 신앙심도 깊은데 자녀의 신앙이 바로 서 있지 못한 경우도 많다. 존경하는 많은 선배들의 기도 제목 0순위가 '자녀의 신앙 회복'임을 정말 많이 보아 왔다. 주일학교 때는 교회도 꼬박꼬박 출석하고 찬양도 크게 하고 성경 암송·고사 대회에서도 입상하고 각종 행사에서도 열렬히 활동했지만, 점점 커 갈수록 그것이 엄마의 열심이고 가정의 분위기였음을, 스스로의 하나님은 아니었던 경우를 수도 없이 보아 왔고, 그러한 경우 자녀의 대부분은 대학생이 되면 교회를 떠나 버린다. 실제로 나의 고민은 여기서 시작되었다.

'저 선배들만큼 인성이 좋은 것도 아니고, 저분들의 신앙에 비하면 내 믿음은 정말 보잘것없는데……. 내 아이도 후에 하나님이 어디 있냐고, 서로 각자의 취향을 인정하자고 말하면 어쩌지?'

강력한 대책이 필요했다. 이건 영어를 원어민 수준으로 말하고 학교에서 늘 1등을 하는 것에 비할 수 없는, 가장 시급하고도 중요한 문제였다.

다른 교육

 내가 아이에게 하는 말투, 굳게 밀고 나가는 교육 방식 등을 보며 '아이에게 어쩜 그리 상냥하게 대하느냐', '어떻게 그런 결단을 했느냐'며 신기해하시지만, 앞서 걸어가는 선배들을 가까이서 볼 수 있었고, 해마다 대한민국 입시를 코앞에서 치르고 있으며, 고민 많은 중·고등학생들과 하루 종일 붙어서 지내기 때문이니 대단할 것도 없고, 그야말로 내 '복이 터진' 것이다. '독서 습관', '아이와의 관계', '스마트폰의 폐해', '말씀 암송' 등의 부모 교육을 크든 작든 하게 된 것도 순전히 먼저 보고 조금 더 깊이 생각할 수 있었기 때문이다.

 내 안에 선한 것이 없고 가정에서의 내 모습이 덕을 끼칠 수 없겠기에 '말씀이 아이 안에 가득 넘치는 것 외에는 길이 없다'고 생각했다.
 말씀이 가득 차서 형들과는 다른 삶을 살았던 소년 다윗, 제사장의 아들들과는 달리 부르심을 받았던 사무엘로 굳이 거슬러 가지 않더라도, 나의 삶 자체가 하나님을 만나기 전과 후가 너무나 달랐다. 난 모태 신앙이었고 암송 대회는 나가면 1등이라는 칭찬 속에 임원과 성가대를 하며 누구보다 열심히 중·고등부 생활을 해 왔고 수련회 때 은혜도 많이 받고 눈물도 많이 흘렸었다. 하지만 부목사님이 세우신 개척교회 반주를 계기로 고등부 수료 직후 잠시 모교회를 떠나면서 나의 20대는 벌받지 않으려고 주일마다 교회 이곳저곳을 기웃거리는 신세가 되었다. 하지만 30대가 되어 하나님을 제대로 만나고 나니 신앙과 복음이, 교사로서의 직분이 그리 간단한 것이 아니라 '살고 죽는 문제'임을 깨닫게 되었다.

무언가를 향해 생기가 넘쳐 열심히 달려가도 그것이 허공을 잡는 것일 뿐이어서 결국엔 허망함을 금치 못하는 삶도 있고, 느리고 뒤처지는 것 같아도 중심 잡힌 올바른 방향이어서 뒤엔 환하게 웃을 수 있는 삶도 있다. 이들의 결말은 그냥 살아 있어 사는 삶과 진정 살아 있는 삶으로 확연히 다르게 귀결될 것이고, 나는 아이를 '세상에서는 어리석어 보여도 참 생명이 있는 삶'으로 나아가게 해야 했다. 그래서 지식 교육인 학업보다는 신앙 교육인 '말씀'을 그 무엇보다 우선시하게 되었다.

사립학교 교사가 되기로 한 것도 사실 그 마음이었다. 교육대학원을 이수할 즈음 내 사명은 '사랑하는 중·고등학생들이 향방(向方)을 몰라 이 시대의 조류에 휩쓸려 다니지 않기를, 하나님을 알아 허망하지 않은 삶을 살도록 돕는 것'이라고 굳게 믿게 되었다. 신앙을 이야기할 수 없는 일반 공립학교에서 기간제 교사를 하는 동안 여러 가지 가정의 문제와 개인의 문제로 무너지고 있는 아이들을 보며, 복음을 이야기하지 않으면서 참 희망과 대책을 전하는 것에 한계가 있음을 뼈저리게 느꼈던 것이다. 선을 넘는, 위험천만한 아이들을 해마다 만나면서 그들에게 가장 확실하고도 유일한 대책인 하나님을 이야기할 수 없다면 내가 그들의 삶에 가장 중요한 한 가지를 제시해 줄 수 없게 될 것이고, 그런 교육이라면 (심하게 말해) '의미가 없다'고까지 여겨졌다. 어찌 보면 복음을 준비해 두고 그것에 대해 이야기하고 싶어 교단에 선 것이 아니라, 교사로서 아이들을 만나 함께 지내다 보니 부모에게도 말하지 못할 갖가지 상처들에 치유책이 필요한데 다른 어떤 것으로도 가당치 않아 복음이 필요했던 것이다. 종교적 중립이 크게 요구되는 학교 현장 가운데 복음을 이야기하는 것은 매우 어려운 일이기에 그것이 가능한 학교를 찾아 나섰고, 그곳이 내가 지금 몸담고 있는 ○○중·고등학교이다.

4 결단

세상에서 가장 먼 거리가 머리에서 손까지의 거리라는 말이 있다. 이처럼 생각은 많은데 실천에 옮기는 것이 참 쉽지가 않다. 어쩌면 그 '행동력'이 삶의 다름을 만들어 내는 것이리라. 나 또한 밤새 100을 생각하고 결심해도 아침에 일어나 실천하는 건 10%, 아니 1%도 안 된다. 하지만 생각을 많이 하고 고민을 많이 하니 그렇지 않은 것보다는 뭔가 달라져 있기는 하다. 0.1%라도 행하기는 하니까……. 그리고 위에서 말한 문제의 심각성과 크기는 너무나 지대해서 그 동력으로 인해 움직일 수밖에 없었고, 무엇보다 '말씀으로 당신의 아이를 키우시려는 하나님의 마음'이 나의 게으름을 이겼다.

(1) 교회 옮김

우선 교회를 옮겼다. '먼저 된 자로서 나중 되고 나중 된 자로서 먼저 될 자가 많으니라'라는 말씀에 충분히 공감하기에 가정의 믿음의 연수(年數)를 강조하고 싶진 않지만, 내 아버지의 할머니가 섬기신 교회였고 나의 어린 시절 추억이 너무나 강하게 깃든 교회였기에 교회를 떠난다는 것은 참으로 힘든 결단이었다.

할머니가 섬기신 우리교회의 여름성경학교

하지만 말씀으로 아이를 양육하겠다는 결심은 그토록 소중한 교회도 떠날 수 있게 했다. 2·3청년부 연합 수련회 찬양 인도를 마지막으로 모든 사역을 내려놓고 서서히 적응기를 거쳐 이듬해인 2020년 1월(아이 7세, 다섯 돌을 맞자마자) 새로운 교회에서 신앙생활을 시작했다. 전 세대가 같은 말씀을 암송하는 교회에서 열심히 배워 주 3절씩 정말 열심히 암송했고 암송한 말씀에 대해 늘 아이와 이야기를 나눴다. ㅡ암송으로 인한 유익은 뒤에서 설명하겠다.

(2) 홈스쿨

앞에서 말한 공교육의 여러 가지 한계 중 내게 가장 중요하게 다가온 것은 '가르쳐야 하는 것을 학교에서는 가르치지 않는다'라는 것이었다. 암송을 위해 옮긴 교회 목사님께서 이러한 마음에 공감해 대안학교를 열어 주셨다. 언니, 오빠, 친구와 함께 공교육 대신 교회학교에서 말씀을 암송하고 탈무드를 공부했다. 공동체 훈련, 우쿨렐레 연주, 등산, 채소 키우기 등을 하며 한 학기를 보냈고, 다음 학기에는 홈스쿨을 했다. 아이와 하루 종일 도서관이나 서점에서 책을 읽기도 하고 자전거, 인라인을 타러 가기도 하고, 칼림바나 우쿨렐레, 피아노를 연주하면서 놀기도 했다. 조부모님과 등산을 가거나 팔공산, 동명 등지로 자전거를 타고 다녀오기도 했다. 자원봉사센터에서 주최하는 팔거천 살리기, 플로깅[3], 북구 8경 환경

---

3) 플로깅(Plogging): 달리기를 하면서 쓰레기를 줍는 운동. 이삭 등을 줍는다는 뜻의 스웨덴어 'Plocka upp'과 영어의 달리기를 뜻하는 'Jogging'의 합성어이다.

조성 활동을 하기도 했다. '주제 탐구'라고 해서 자신이 궁금한 점을 책이나 인터넷을 찾아 조사해 발표하기도 하고 추천하고픈 책의 내용을 정리해서 발표하고 추천 책 전시도 했다. 캠핑도 많이 가고 서울, 강원도, 남해, 거제, 제주도 여행도 장기간 갔다. 시간 가는 게 아까워서 무엇을 하며 하루를 보냈는지 기록을 했고 가족 신문도 만들었다. 이 중 가장 신경을 쓴 것은 물론 '말씀 암송'이었다.

(3) 나 홀로 입학

홈스쿨의 시간이 무척이나 달콤[4]해서 육아휴직 기간 내내 홈스쿨을 하고 싶었지만, 복직 후에 아이를 보낼 기관이 마땅치 않은 게 문제였다. 아이의 초등 1학년 담임 선생님 —실제 수업으로 만나지는 못했지만 오랜 교직 경력으로 배울 점이 많고 인품도 매우 좋으셔서 몇 번 학교를 방문해 대화를 나눴었다— 께서도 엄마와의 추억을 더 많이 쌓고 엄마가 복직하는 3학년 때 들어와도 충분하다고 말씀해

---

4) 홈스쿨은 부모가 주체적으로 아이의 학업이나 전반적인 생활을 계획하고 진행해 나가야 하기에 분명히 막막하고 힘에 겹다. 자칫하면 시간을 낭비하는 듯 여겨질 수도 있고 내가 제대로 하고 있나 의구심도 들고 아이와의 관계도 결코 쉽지 않다. 그럼에도 불구하고 홈스쿨 기간이 행복했고 여건만 되면 계속하고 싶었던 것은 아이와 함께하는 24시간 그 자체가 내겐 무척이나 소중했으며 '말씀과 독서, 예체능'이라는 교육의 방향이 뚜렷했기 때문이다.

주셔서 갈등이 참 많이 되었지만, 복직하면 아이의 공교육 적응을 전혀 도울 수가 없어서 눈물을 머금고 2학년 3월에 학교를 보냈다. 오전은 공교육, 오후는 홈스쿨이라는 생각으로……. 그리곤 정말, 학교가 파하면 자전거에 인라인 스케이트 가방을 싣고 팔거천을 달려 적당한 공원에서 스케이트도 타고, 도서관이나 서점에 들러 시간 가는 줄 모르고 책에 빠져 있다가 저녁 늦게 돌아왔다. 보호자 동행 체험학습도 꽉 채워 다 사용했다. ―지금은 꿈도 못 꾸는 일이다.―

아이와 함께 등굣길을 걷다 학교 근처에서 헤어져 혼자 걷는 팔거천은 무수한 생각들을 하게 했고 나를 은혜 안에 거하게 했다. 매일 일정한 시각에 산책을 하며 깊은 사색을 했다던 칸트가 이해되고도 남을 만큼 생각이 잘 정리가 되었고 감격과 은혜가 넘쳐 났다. 아이가 학교에서 만나게 될 친구, 선후배, 교장선생님부터 조리사, 수위 선생님들까지 전교직원을 위해 학교 밖에서 기도를 하기도 했다. 어느 날은 기도하려고 담장 밖 한 곳에 섰는데 눈싸움을 하려고 달려 나오는 우리 아이가 내가 서 있는 곳 바로 앞에 멈춰 서더니 친구들과 재잘거리며 눈 뭉치를 만들고 노는 것이 아닌가. 담장이 길거리와 단차가 커서 아이는 내가 있다는 것을 전혀 눈치채지 못했지만 휴대전화에 생생하게 담은 그 아침은 하나님이 내게 허락하신 깜짝 선물이었다.

Ⅱ
말씀 암송을 통한 신앙 교육

1

암송? 굳이……?

'말씀을 많이 읽으면 되지 굳이 암송을 해야 하나?'

'아이와 엄마가 함께 암송을 하는 프로그램'을 처음 소개받았을 때 내가 했던 생각이다. 아마 성경 암송 대회에 대한 기억이 그리 아름답지는 않아서였던 것 같다. 유아부 때부터 대학청년부까지, 심지어는 지금까지도 무수히 성경 암송 대회에 참가하고 있지만 기억에 남아 있는 구절은 사도신경과 로마서 12장뿐……. 후반기 암송을 하면 전반기 암송은 리셋(Reset)되어 버리는 식이었다. 외우는 것도 쉽지 않은 데다가 대회장에서의 긴장감은 또 얼마나 큰지……. 암송의 즐거움이나 유익보다는 부담감이 과하게 컸고, '학교에서도 모자라 교회에서까지 이렇게 경쟁을 시키나' 하며 속상해 했지만 등수의 쾌감(?)이라는 늪에 빠져서 정신 차리면 다음 대회 본문을 암송하고 있었다.

아이가 두 돌 조금 넘었을 때 "암송을 하는 교회가 집 근처에 있는

데 한번 가 보자"라는 후배의 권유를 받고 "말도 제대로 못 하는 아이가 암송을 한다고? 아님 엄마인 내가? 왜?"라고 말했을 정도로 '암송을 통한 신앙 교육'에 대한 이해가 전혀 없었다. 그러던 중 앞에서 말했던 여러 가지 고민들을 거쳐 가장 중요한 것이 '신앙 교육'임을 깨달았고, 제대로 된 신앙 교육을 위해서는 '하나님의 말씀이 아이 안에 가득 차고 흘러넘치도록 돕는 것' 외에는 방법이 없음을 깨달으면서 교회를 옮기는 결단까지 하게 되었다.

  힘든 결단이었던 만큼 암송 교육의 '유익'이 진심으로 궁금했다. 그래서 그곳 교회 성도님들께 "암송을 하면 정말로 삶이 달라지나요?", "(당신들의 삶에) 구체적으로 어떤 변화가 생겼나요?"라고 물어보았다. 말씀 암송이 내 삶에 '실질적'으로 어떤 영향을 미치는지, 내 이 엄청난 결단이 정말 옳은 선택이었는지 궁금했던 것이다. ─사실 원하는 답을 듣지는 못했다. 암송을 하는 교회에 출석한다고 해서 모두가 이런 절박함을 가지고 암송을 하는 건 아닐 수 있으니…….─ 나는 내 나름대로 암송의 유익과 즐거움을 아이와 함께, 하나님 앞에서 찾아나가기 시작했다.

말씀 암송의 유익

(1) 하나님이 정말로 기뻐하심

만 6세. 온종일 아이와 함께 지내고 다시 오지 않을 행복한 시간들을 보내고 있었지만 계속 이렇게 홈스쿨을 할 수 있는 상황은 아니었기에 아이를 보낼 기관을 찾아야 했다. 설상가상으로 교회 또한 다른 곳을 찾아야 했던 상황이라, 중차대한 이 두 가지 사안으로 인해 고민이 컸었고 새벽마다 쓰린 가슴을 부여잡고 울며 괴로워했다. 그러던 어느 새벽, 불현듯 '아! 맞다, 암송!'이라는 생각이 번쩍 들어 무릎을 쳤다. '아이의 교육을 위해서만 내가 암송을 시·키·고 있었구나' 깨달으며, 이때부터는 아이와 별개로 혼자 암송을 하·기 시작했다. 울며 기도하다 암송하고 암송하다 기도하고……. 입으로 말씀을 되뇌며 머릿속을 말씀으로 가득 채우자 이상한 일이 일어나기 시작했다. 눈앞의 문제는 하나도 해결된 것이 없는데 마음이 무척이나 평안하고 행복했다. 아니, 행복이라는 단어보다 '황홀'이라는 말이 더 가깝겠다. 황홀경에 빠진다는 느낌이 이런 것인가. 하나님과 내가 손을 잡고 하늘을 둥둥 떠다니는 느낌……. 그러다 지쳐 잠들고 새로운 하루를 시작하는 아침이 되면 새벽 내내 느꼈던 불안과 쓰라림은 사라지고 언제 그랬냐는 듯 콧노래가 절로 나오고 새 힘이 솟아났다. '왜 이러지?', '이게 뭐지?' 하며 며칠을 갸우뚱하다가 깨달았다. '아! 내가 말씀을 가까이 하니 하나님께서 정말 기뻐하시는구나. 주님의 그 기쁨이 내게 오롯이 전달되어 내가 이렇게 기쁜 거구나!'

아이를 떠나 '나 스스로가 암송을 하기 위해 애를 쓰고, 시간을 내어 혼자 말씀을 되뇌는 일을 반복할 때' 이 크나큰 기쁨을 알게 된다.

사람이 무엇으로 하나님을 기쁘시게 할 수 있을까? 영광 자체이신 하나님이 우리가 무얼 한다고 해서 더 영광스러워지실 것인가. ─학창 시절 쌀쌀한 날씨에 고픈 배를 부여잡고 집에 뛰어 들어와 라면을 하나 끓여 먹으면 세상 부러울 것 없는 행복감이 느껴졌었다. '이 맛난 걸 하나님과 함께 먹으면 정말 좋겠는데, 혼자 먹으니 죄송하다'라는 생각을 그때 참 많이 했다. 물론 하나님은 이걸 드셔야 허기를 채우는 인간도 아니시고 전지전능하신 분께 겨우 라면이라니 어처구니가 없지만 돌이켜 보면 하나님께서 그 마음을 참 예뻐하셨을 것 같다.─

내가 하나님을 기쁘게 할 수 있는 건 다른 어떤 대단한 업적이나 많은 헌물이 아니라 그분이 주신 말씀, 우리 '손목에 매어 기호를 삼'으며 '미간에 붙여 표로 삼'고 우리 '집 문설주와 바깥 문에 기록(신명기 6:7)'해야 하는 말씀…… 우리 '입에서 떠나지 말게 하며 주야로 묵상하여 그 안에 기록된 대로 다 지켜 행(여호수아 1:8)'해야 하는 그 말씀을 눈을 감든 뜨든, 눕든 일어서든 읊조리는 것이다. 이것이야말로 인간인 우리가 하나님을 기쁘시게 할 수 있는 최고의 방법인 것이다.

따라서 말씀 암송의 제1의 유익은 단연코 '하나님을 기쁘시게 할 수 있음'이라고 확실하게 말할 수 있다.

(2) 내 속에 기쁨이 넘침

앞서 말했듯 암송을 하면 내가 기뻐진다. 하나님의 기쁨이 내게 오롯이 전달되어 내가 기뻐지고, 보석 같은 말씀 자체에 능력이 있어 내게 쉼과 힘과 위로와 용기가 된다. 분명 큰 고민들을 안고 시작한, 어쩌면 '답 없다' 여긴 기도라도, 그러한 고민들은 별것 아닌 게 되고 '하나님 자식이니 하나님이 알아서 하세요.'라는 마음만 가득 차게 되면서 알 수 없는 든든함과 평안함이 찾아온다.

암송을 위해 정든 교회를 떠났다가 새롭게 교회를 찾아야 했을 때, 이 중차대한 문제로 간절하게 기도하던 그때, 하나님께서 계속 다시 모교회로 돌아가라는 마음을 주셨다.

"하나님, 저는 다시 돌아가지 않을 거예요. 어떻게 결심하고 떠나왔는지 아시잖아요." 하는데도 몇 날 며칠 계속 다시 돌아가라는 마음을 주셨다.

"은희야, 말씀 암송하니까 좋지? 이 좋은 걸 서문이랑 같이 해라."

버티고 버티다 결국 돌아가게 된 것은 하나님의 이 마음 때문이었다. 그리곤 돌아온 이듬해 '가정 세움 프로젝트'의 일환으로 말씀 암송 강좌를 진행하고, 미혼인 청년들과 꾸준히 암송 모임을 갖고, 어린아이를 둔 가정들을 방문해 암송을 함께 했다.

말씀 암송은 우리가 꼭 함께하기를 원하시는 하나님의 마음이며 절대로 후회하지 않을 최고의 육아이자 교육이다.

(3) 하나님의 가치관으로 문제를 대함

2학년. 아이가 입학하고 몇 달 뒤였다. 잠자리에 들면서 "엄마, 엄마는 자신이 얼마나 마음에 들어?" 한다. 1학년 때 이미 친해졌을 아이들 사이에서의 생활이 힘들지 않기를 기도했고 다행히 잘 지내는 듯 보였지만 고민은 있었을 듯……. 그날의 일기다.

> 2022년 5월 26일 (목) 밤
>
> 잠자리에서
> "엄마, 엄마는 자신이 얼마나 마음에 들어?"
> "음, 100점 만점에 80~90점? ○○이는?"
> "나는 내가 49 좋고 51 싫어."
> "응? 뭐라고?"
> "아니, 50 좋고 50 싫어."
> "좋은 50의 이유는 뭐고 싫은 50의 이유는 뭘까?"
> "음…… 좋은 건 ~~해서고, 싫은 건 ……해서야."
> 한참을 듣고는 내가 말했다.
> "○○아. 하나님은 너를 백 점 만점에 천 점, 만 점, 경 점이라고 하시는데 네가 스스로를 그렇게 생각하면 하나님이 슬퍼하셔. 그런 마음은 하나님이 아니라 사탄이 주는 생각이야."
> 했더니 갑자기 흐느끼는 소리가 들린다.
> "사탄은 하나님을 생각하지 않고 사는 사람, 하나님 모르는 사람에게는 절대 관심이 없어. 왜냐하면……."
> "왜냐하면 사탄이 건들지 않아도 사탄 뜻대로 잘하고 있으니까."
> "맞았어. 그런데 하나님의 사람, 특히 너처럼 하나님 뜻대로 살려고 애쓰고, 말씀을 늘 암송하고 오늘처럼 말씀을 암송하다 못해 한 구절 한 구절 노트에 쓰고 실천하기 위해 체크리스트까지 만들고 하는 걸 보면 고민을

많이 하지. 어떻게 하면 ○○이가 하나님을 잘 못 믿게 할까 하며……. 그래서 사탄은 '넌 잘하는 것도 없고 용기도 없어. 넌 잘난 게 없지.' 하면서 자꾸 그런 마음을 넣어 주는 거야." 했더니 이번엔 펑펑 운다.

하나님을 믿지 않는 사람이 훨씬 많은 이때, 게다가 교회를 다녀도 제대로 예배를 드리지 않는 사람이 많은 이때, 진정으로 말씀을 사랑하고 매일 암송하고 예배드리는 우리가 얼마나 하나님 보시기에 아름다운지 이야기했다.

"엄마, 나는 엄마랑 이런 이야기 하면서 세 번째 운 것 같아. 한 번은 작년이고 또 한 번은 더 어렸을 때고……."
"오늘은 어떤 마음이었어?"
"그냥 내가 하나님을 별로 안 사랑하고 사탄이 주는 마음만 가지고 있었던 것 같아서……."
"그랬구나…… ○○아, 엄마는 어릴 때부터 교회 다녔지만 하나님 때문에 운 건 중·고등학교 때? 수련회 가서 말씀 듣고 반주에 맞춰 기도할 때 감성적으로 기도하며 운 게 처음이었어. 대학교 4학년쯤에 제대로 하나님 만나 울고……. 그런데 넌 무슨 초등학교 2학년이 하나님 이야기하며 우는지…… 참 대단하다. 하나님이 지금 우리 ○○이 보면서 너무 기뻐하신다. 자리에서 서서서 함박 웃으며 보고 계셔. '애고, 우리 ○○이 정말 예쁘다. 내가 너를 얼마나 사랑하는데……. 넌 정말로 소중한 내 보물이고 내 걸작품이란다. 너는 100점 만점에 억 점, 경 점이야. 네가 얼마나 멋있는 사람인지, 내가 얼마나 너를 완벽하게 만들었는지 몰라. 네가 얼마나 멋진 걸작품인지 절대 잊어서는 안 돼!'라고 하셔."

> 했더니 또 펑펑 운다. 내일 일어나면 눈이 부어 있어 학교 가기 민망할까 봐 걱정될 정도다.
>
> '하나님으로 인해 우는 멋진 아이……. 참으로 감사합니다. 평생 이렇게 하나님 이야기하는 동역자로 저희를 맺어 주소서.'
> — 관계 때문인가 했는데 이후 늘 3총사, 4총사, 5총사라며 잘 지내고, 장기간 보호자 동행 체험학습을 다녀와도 서먹하지 않게 친구들과 잘 논다. (하나님 주신 자존감, 주의 은혜!)

○○이는 주위를 찬찬히 살피고 안전이 확인되면 들어가는, 신중한 면이 많은 아이다. 나와 다른 이런 모습이 이해되지 않고 답답하게 여겨졌었는데 이러한 부모의 생각이 아이의 자존감에도 큰 영향을 미쳐 자신을 온전히 사랑하지 못했던 건 아닌지……. 불완전한 부모의 눈이 아니라 완전하신 하나님의 눈으로 아이와 그의 상황을 바라볼 수 있어야 하고, 그래야 아이도 하나님의 눈으로 자기 자신을 볼 수 있을 텐데, 내가 한참이나 부족하다. —그래서 내겐 말씀이 더 필요하다.—

또한, 학교는 참으로 많은 이들이 함께 생활해야 하는 정글 같은 곳이다. 성숙하지 않은 이들이 잘못인 줄도 모르고 남에게 상처를 주고, 무리의 기준에 따라 한 사람이 왜곡되게 평가되어 비참한 상태로 떨어질 수도 있다. 믿음의 아이들이 이러한 생리를 간파하고 하나님의 가치관으로 살아가지 않으면 아픔 속에 허우적댈 수도, 남을 아프게 할 수도 있다. 암송의 위대함은 여기에 있다. 말씀을 기준으로 삼고 하나님의 가치관으로 세상과 나를 보게 되는 것…….

(4) 시도 때도 없는 하나님 이야기

최근의 일이다. 아침에 세수하고 나오더니 대뜸 "엄마, 성경 말씀에 '무엇을 먹을까 무엇을 마실까 무엇을 입을까 염려하지 말라'고 하잖아. 그런데 어떻게 염려하지 않을 수가 있어?" 한다.

"맞지? 엄마도 그런 생각을 꽤 많이 했었어. 그런데 말이야……" 하며 하나님의 일하시는 방식에 대해 이야기했다. 사모가 된 5촌 고모가 끼니 걱정을 내려놓는 것을 본 경험을 곁들이면서…….

며칠 전에는 "엄마, 기도 응답에는 세 가지가 있대. Yes, No, 그리고 Wait. 그러면 다 응답받는다는 거 아니야?" 한다.

어릴 때부터 낱장 주보가 아니라 설교 노트를 이용해 말씀을 기록하게끔 훈련했는데 그날도 그렇게 집중해서 설교를 들었나 보다.

"맞지? 엄마도 '합력하여 선을 이룬다'라는 말씀이 '코에 걸면 코걸이, 귀에 걸면 귀걸이' 같아 싫어서 1청년부 때 목사님께 여쭤본 적이 있어. 그런데 있잖아……" 하며 또 말씀을 들고 이야기를 한다.

말씀 암송을 하면 이렇게 시도 때도 없이 하나님 이야기를 나누게 된다.

(5) 믿음으로 자라남

"내가 태어난 뒤에 엄마가 하나님 알았으면 좋았을 걸……. 엄마가 믿은 하나님을 나한테 믿으라고 강제로 말하는 게 아니라 엄마와 내가 같이 알아가게 되면 자연스럽게 나도 알게 될지도 모르는데……."
이해가 좀 어려운 말이었지만, 엄마의 하나님이 아니라 자신이 만나는 자기의 하나님이어야 한다는 이야기인 듯하다. '내가 믿어져야 그게 진짜지 엄마가 아무리 이야기해도 내가 하나님 안 만나면 소용이 없다'는 말.
"그래. 엄마의 하나님이 아니라 ○○이의 하나님이 되기를, ○○이가 진정으로 하나님 만나기를 엄마는 늘 기도하고 있어." 했다.
그런데 며칠 전(2024. 11. 2. 토. ㅡ너무 감격스러워서 날짜까지 기억한다—)에는 "엄마, 내 아이가 하나님 모른다고 할까 봐 겁이 나." 한다. "○○이는? 너는 하나님 확실히 알아? 하나님 계셔?" 했더니 "응! 확실하게 살아 계셔!" 한다. 할렐루야!

여행을 앞두고 아이의 오른쪽 아래 어금니가 흔들렸다. 아직은 정도가 심하지 않아서 저절로 빠지려면 한 주 이상은 기다려야 할 것 같았다. 문제는 음식물을 씹을 때 뿌리 한쪽이 잇몸을 찌르는 것이었는데 이틀 후면 여행을 떠나야 했기에 그 전에 치과에 가야겠다 생각했다.
"지켜보고 안 되면 내일 치과 가자."
"엄마, 기도했어?"
"응? 응…… 어제……."
"오늘은?"
"아……."
그래서 아침 먹다 말고 기도를 했다. '예수님의 이름으로……' 하는데 왠지 오늘 빼 주실 것 같다는 느낌이 강하게 들었다. 혹시나 아닐 수도 있으니 입 밖으로 꺼내진 않았고, 이제 한 숟갈을 입에 넣는데 밥에 또 피가 섞여서 뱉어 냈더니 문제의 어금니도 같이 빠져 있었다. 기도 직후……!

하나님의 역사를 시도 때도 없이 경험하기에 사실 이젠 그리 놀랍지도 않다. 하지만 많이 경험한다고 해서 감격이 줄어드는 것은 아니다. 오히려 감사가 넘친다. 우리가 뭐라고 이렇게 순간순간, 세밀하게 곁에서 넘치도록 부어 주시는지…….

응답하실 하나님을 확신하며 엄마에게 기도했냐고 묻는 아이. 말씀 암송은 아이를 믿음으로 자라게 한다.

> 또 어려서부터 성경을 알았나니 **성경은 능히 너로 하여금** 그리스도 예수 안에 있는 **믿음으로 말미암아 구원에 이르는 지혜**가 있게 하느니라 (디모데후서 3:15)

(6) 어려운 일을 만날 때 말씀으로 이겨 냄

늦은 결혼, 늦은 출산.

어떤 부모들은 살기 바빠서 아이가 얼마나 예쁜지도 모르고 키웠다며 아쉬워하시는데 나는 나이가 들어 아이를 낳았기 때문인지 아이가 참 귀하고 사랑스럽다. 어쩌면 너무 빨리 커 버린 고등학생과 그들의 부모를 늘 대하기 때문인지도…….

힘도 들고 나쁜 버릇이 생기니 많이 안아 주지 말라는 말도 있지만 나는 원 없이 안아 줬고 사랑한다는 말을 참 많이 해 줬다. 지금도 아침이면 아이를 안고 "뭐 이래 예쁜 게 우리 집에 태어나가꼬 엄마, 아빠(할머니, 할아버지, 주위 사람들)를 이래 행복하게 하노!" 한다. 이런 말들이 저 깊은 무의식 가운데 행복한 기억으로 쌓였기를 바라며 하루는 물어보았다.

"○○아, 네가 아침에 깨면 엄마가 무슨 말을 제일 많이 해?" 했더니 "기도했나?"란다.

"헉! 그거 말고 다른 말은?" 했더니

"○○아, 하나님이 또 일하셨다!"란다. '헉……!'

문제가 있다. 아이도 알고 나도 아는, 우리 눈앞에 당면한 문제. 이것 때문에 고민이 깊은 상황에서 아이에게 기도를 요청한다.

"엄마는 이러이러한 내용으로 기도할 거야. 그러면 우리 하나님은 반드시 해결해 주시겠지. 어떤 방법일지는 몰라도 가장 좋은 방법으로 말이야."

그 후 그 문제가 정말 아무것도 아닌 것이 되어 버리는 경험을 너무나도 많이 했다. 이 일을 함께 보고 겪어 나가기에 아이는 자신의 문제도 이런 방식으로 풀어 나가고 있다. 걱정이 되는 상황을 아이가 이야기하면 "그래, 우리 함께 기도하자. 하나님이 이 또한 얼마나 멋지게 해결해 주실까. 우리 또 하나님이 하시는 일을 보게 되겠네." 한다.

어떤 때는 그날 저녁에 벌써 응답받았다고 기쁨에 겨워서 "엄마 엄마, 있잖아. 하나님이 또 일하셨다!" 외친다.

어릴 때부터 말씀 암송을 해 오던 가정에 중학교 2학년 여학생이 있었다. 하루는 친구들 간의 관계 문제로 속이 상해 돌아와서는 책상에 앉아 말씀을 냅다 적어 나갔다. 속상하고 뒤틀린 마음에 오른손이 아닌 왼손으로 적어 내려가던 중······.

> 태초에 말씀이 계시니라 이 말씀이 하나님과 함께 계셨으니 이 말씀은 곧 하나님이시니라. 그가 태초에 하나님과 함께 계셨고 만물이 그로 말미암아 지은 바 되었으니 **지은 것이 하나도 그가 없이는 된 것이 없느니라**
> (요한복음 1:1~3)

'뭐? 지은 것이 하나도 그가 없이는 된 것이 없다고? 그러면 그 아이도 하나님이 지으셨다고?!'

화가 많이 나 있었고 그 아이를 생각하기도 싫었지만 말씀을 통해 그 친구에 대한 하나님의 마음을 느끼고 나니 더 이상 미워할 수가 없더란다.

내 안에 깊이 내재된 말씀은 이렇게 나와 남을 향해 작동한다.

이 아이의 오빠는 시험을 치르기 전 이사야 41장 10절 말씀을 암송한다고, 그러면 마음이 평안해져서 시험을 잘 치를 수 있게 된다고 아주 어린 시절 한 기독교 방송을 통해 언급한 적이 있다.

> 두려워하지 말라, 내가 너와 함께 함이라. 놀라지 말라, 나는 네 하나님이 됨이라. 내가 너를 굳세게 하리라. 참으로 너를 도와주리라. 참으로 나의 의로운 오른손으로 너를 붙들리라 (이사야 41:10)

(7) 말씀을 근거로 기도함

모세가 이스라엘 백성의 중보자로서 '하나님의 말씀을 근거로 기도'했던 이야기를 아이에게 들려주면서, 말씀을 근거로 기도하면 하나님께서 기뻐하신다고 말한 적이 있다.

아이가 학교 들어가기 전으로 기억한다. ―일기를 보니 2021년 8월 31일이다― 잠자리에서 아이가 "엄마는 무슨 말씀으로 기도했어?" 한다. 기도할 때마다 말씀을 인용하기는 어렵지 않은가? '헉' 싶었지만 마침 그날은 로마서 8장 28절 말씀 ―'우리가 알거니와 하나님을 사랑하는 자 곧 그의 뜻대로 부르심을 입은 자들에게는 모든 것이 합력하여 선을 이루느니라'— 을 가지고 기도를 했었기에 그랬다고 이야기했더니, 아이는 로마서 3장 23~24절 말씀을 가지고 기도를 했단다.

> 모든 사람이 죄를 범하였으매 하나님의 영광에 이르지 못하더니 그리스도 예수 안에 있는 속량으로 말미암아 하나님의 은혜로 값없이 의롭다 하심을 얻은 자 되었느니라 (로마서 3:23~24)

그날의 일기.

> 2021년 8월 31일 (화)
> ······(전략)······
> '주님! 말씀이 아이 속에 흘러넘쳐 어떤 상황에서든 말씀이 아이를 지배할 수 있게 되기를 기도합니다.'

세계 인구의 0.2%에 불과하지만 노벨상 수상자 비율이 25%나 되는 유대인은, 세 살부터 히브리어를 배워 율법을 암기하고 '바르 미츠바(Bar Mitzvah)'[5]라고 불리는 성년식에서 모세오경 가운데 한

---

5) 바르 미츠바(Bar Mitzvah): Bar(아들) Mitzvah(율법). '율법의 아들이 되었다'는 뜻이다. 유대인 남자의 경우 13세, 여자의 경우 12세가 되면 각자의 행동에 책임을 질 나이가 되었다고 여겨 성년의례를 행하는데 이들을 가리켜 '바르 미츠바가 되었다'고 한다.

편을 모조리 암송한다고 한다.

말씀이 내면에 가득하면 '세상을 향해서는 하나님의 마음으로 가르치고 하나님 앞에서는 말씀을 들어 인간의 연약함을 위해 중보했던 모세와 같은 지도자'가 되어 하나님의 창조 사역에 동참하게 되는 것이다.

> 13 주의 종 아브라함과 이삭과 이스라엘을 기억하소서 **주께서** 그들을 위하여 주를 가리켜 **맹세하여 이르시기를** 내가 너희의 자손을 하늘의 별처럼 많게 하고 내가 허락한 이 온 땅을 너희의 자손에게 주어 영원한 기업이 되게 하리라 **하셨나이다**
> 14 여호와께서 뜻을 돌이키사 말씀하신 화를 그 백성에게 내리지 아니하시니라
> 15 모세가 돌이켜 산에서 내려오는데 두 증거판이 그의 손에 있고 그 판의 양면 이쪽 저쪽에 글자가 있으니
> 16 그 판은 하나님이 만드신 것이요 글자는 하나님이 쓰셔서 판에 새기신 것이더라
> 17 여호수아가 백성들의 요란한 소리를 듣고 모세에게 말하되 진중에서 싸우는 소리가 나나이다
> 18 **모세가** 이르되 이는 승전가도 아니요 패하여 부르짖는 소리도 아니라 내가 듣기에는 노래하는 소리로다 하고
> 19 진에 가까이 이르러 그 송아지와 그 춤추는 것들을 보고 **크게 노하여** 손에서 그 판들을 산 아래로 **던져** 깨뜨리니라 (창세기 32:13~19)

(8) 많은 대화, 좋은 관계

학교에서도 내 생각이 학생들에게 먹히려면(?) 좋은 관계가 바탕이 되어야 한다. 그리고 좋은 관계는 좋은 느낌의 대화에서 비롯된다. 아이와도 마찬가지다.

암송 후 말씀을 바탕으로 아이와 대화를 많이 하게 되니 관계가 좋아질 수밖에 없다. 물론 성향과 기질이 다르고 살아온 환경과 경험이 달라서 이해되지 않는 부분도 많지만 그 또한 대화를 통해 마음을 나누면 서로를 이해하는 폭이 넓어지고 간극이 그만큼 좁아진다. ―한 선배는 고등학생 아들과 의견 충돌이 생기면 새벽 두세 시까지도 잠을 포기하고 대화를 한다고 한다. 자신의 의견을 관철시키기 위한 대화가 아니라 서로를 이해해 보려는 대화…….

공감과 신뢰가 바탕이 된 대화, 특히 말씀을 가지고 나누는 대화는 반드시 부모와의 좋은 관계를 가져온다.

(9) 학업적인 부분의 채워짐

"요즘 아이들은 문해력이 떨어져서 큰일이에요"라고들 말한다.

그래서 문해력과 관련된 책들이 쏟아져 나오고 있고 관련 유머도 항간에 참 많이 떠돌고 있다.

성경 말씀의 어휘는 관념적이고 추상적이며 수준 높은 것들이 많다. 시편 23편의 말씀만 봐도 그렇다.

> 여호와는 나의 목자시니 내게 부족함이 없으리로다. 그가 나를 푸른 풀밭에 누이시며 쉴 만한 물가로 인도하시는도다. 내 영혼을 **소생**시키시고 자기 이름을 위하여 **의의 길**로 인도하시는도다. 내가 사망의 **음침**한 골짜기로 다닐지라도 **해**를 두려워하지 않을 것은 주께서 나와 함께 하심이라, 주의 지팡이와 막대기가 나를 **안위**하시나이다. 주께서 내 원수의 **목전**에서 내게 상을 차려 주시고 기름을 내 머리에 부으셨으니 내 **잔이 넘치**나이다. 내 평생에 선하심과 **인자**하심이 반드시 나를 따르리니 내가 여호와의 집에 영원히 살리로다 (시편 23:1~6)

'소생, 의의 길, 음침, 해, 안위, 목전, 잔이 넘침, 인자 ……'

이러한 어휘를 늘상 접하고 묵상하고 암송까지 하는 아이들의 어휘력은 일상적인 어휘만 사용하는 아이들과 분명 다르지 않겠는가. 여기에 어릴 때부터 암기를 통해 두뇌를 자극하고 말씀을 통해 지혜까지 부어졌다면 학업이 아니라 그 무엇에라도 능하지 않겠는가.

말씀 암송의 방법

　암송의 방법은 여러 가지다. 그중 나는 여운학 장로님의 '303비전 성경암송'을 접했다. 이 외에도 어와나(Awana) 등 다양한 프로그램이 있고 그것을 실제 운용하고 있는 교회들도 있으니 그러한 것들을 참고하면 되겠다.

(1) 구절 끊어 외우기[Honey-bee(하니비) 암송법]

　꿀벌이 목적지를 향해 갈 때 한 번 만에 슝 하고 날아가는 것이 아니라 어느 정도 갔다가 돌아오고, 다시 또 더 멀리 갔다가 돌아오고, 그러기를 반복하다 목적지에 도달한다고 한다. '하니비'는 꿀벌의 이러한 생태를 인용해 하나의 말씀 구절을 몇 부분으로 나눠서 왔다 갔다 하며 암송하는 방법이다. 다음을 예로 들어 보자.

> 이와 같이 성령도 우리의 연약함을 도우시나니 우리는 마땅히 기도할 바를 알지 못하나 오직 성령이 말할 수 없는 탄식으로 우리를 위하여 친히 간구하시느니라 (로마서 8:26)

이 구절을 여러 부분으로 나눈다. 나는 임의로 다섯 부분으로 나눠 보겠다. —아이의 연령에 따라 더 많이 나눠도 상관없다.

(롬 8:26) ① '이와 같이 성령도' / ② '우리의 연약함을 도우시나니' / ③ '우리는 마땅히 기도할 바를 알지 못하나' / ④ '오직 성령이 말할 수 없는 탄식으로' / ⑤ '우리를 위하여 친히 간구하시느니라'

① ('이와 같이 성령도') 한 부분을 **글자를 보면서** 다섯 번 외우기 - **글자 안 보고** 세 번 외우기

② ('우리의 연약함을 도우시나니') 한 부분을 글자 보면서 다섯 번 외우기 - 글자 안 보고 세 번 외우기

①② ('이와 같이 성령도 우리의 연약함을 도우시나니') 두 부분을 함께 안 보고 세 번 외우기

③ ('우리는 마땅히 기도할 바를 알지 못하나') 한 부분을 글자 보면서 다섯 번 외우기 - 글자 안 보고 세 번 외우기

①②③ ('이와 같이 성령도 우리의 연약함을 도우시나니 우리는 마땅히 기도할 바를 알지 못하나') 세 부분을 함께 안 보고 세 번 외우기

이런 식이 하니비 암송법이다.

(2) 하루 1절, 주 3절

매일 새로운 구절을 외우는 것은 쉽지 않다. 그래서 주 3절로 한정하여 월요일 1절, 화요일 2절, 수요일 3절을 암송했다면 나머지 목, 금, 토, 주일은 외운 그 세 절을 계속 반복한다.

(3) 말씀 암송 가정 예배

가정 예배 때도 특별한 것을 하는 게 아니라 온 가족이 함께 말씀을 암송한다. '찬양-기도-암송-나눔-기도' 순으로 간단하게 하면 아이들도 크게 힘들어하지 않고 암송과 예배가 가능하다. 암송도 중요하지만 나눔이 참 중요한데, 그날 암송한 구절을 가지고 각자의

생각을 나누는 것이 포인트다. 목요일부터 주일까지 같은 말씀을 암송하지만 나눔 내용은 다양할 수 있다.

> 이와 같이 **성령도 우리의 연약함을 도우시나니** 우리는 마땅히 기도할 바를 알지 못하나 오직 **성령이** 말할 수 없는 탄식으로 **우리를 위하여 친히 간구하시느니라** (로마서 8:26)

이 본문을 예로 들면 '성령님이 나의 연약함을 도우신 경험'을 이야기한다거나 '책이나 설교 말씀에서 어떤 이들의 힘듦을 만지신 하나님의 역사에 대해 알게 된 것'을 이야기한다거나 하는 것이다. '성령님의 나를 위한 간구'에 감격하며 감사하는 것으로 나눔을 끝맺을 수도 있겠다.

(4) 다양한 활동과 곁들여 외우기

학창 시절, 시대적 사건이나 핵심 내용, 연도 등 잘 외워지지 않는 것들에 멜로디를 붙여 암기해 본 경험이 있을 것이다. 말씀도 그렇게 멜로디를 붙이거나, 라임이 느껴지는 구절로 랩을 만들고 '예~' 등의 추임새를 넣어 부르거나, 내용에 맞게 율동을 만들어 익힐 수 있다. 이런 방법들은 장기기억으로 넘어가는 데 큰 역할을 해서 오랜 시간이 흘러도 말씀이 어렵지 않게 꺼내지는 것을 보게 된다. 율동이나 랩으로 만드는 과정에서도 아이와 얼마나 많이 웃고 즐거워하게 되는지 모른다. 게다가 율동을 만들려면 말씀의 의미를 한 구절 한 구절 곱씹어야 하기에 계속 되뇔 수 있고 창의적인 힘도 길러지며, 까르르 까르르 웃는 유쾌한 분위기로 인해 '말씀은 즐거운 것'이라는 좋은 이미지로 연결되기도 하므로 여러모로 유익하다.

(5) 어릴 때가 적기(適期)

암송은 어릴수록 잘한다. 내가 그랬듯 '글도 모르는데 무슨 암송을……' 싶겠지만, 한글을 몰라도 말은 할 수 있는 것처럼 암송 또한 충분히 해낼 수 있다. 엄마가 구절을 낭독하면 아이는 곧잘 따라 하는데 이때 놀이처럼 재미있게 진행하면 더 즐겁게 외운다. 초등 고학년이 되면 해야 할 것들이 많아져서 시간 내기도 어렵고 열정이나 마음도 예전 같지가 않다. 그러니 많이 힘들지만 어릴 때 암송하는 습관을 잡아 주기를 바란다.

그리고 아이들은 정말 천재다. 하나님이 주신 기억력과 지혜가 충만해서 부모가 조금만 열심을 내면 어떤 아이든 잘 외우게 된다.

어릴 때부터 하는 암송은 많은 말씀을 마음속에 간직하게 할 뿐만 아니라 지혜와 자신감도 길러 주고 어휘력도 많이 신장케 하니, 열심을 내어 함께 해 보라.

4 말씀 암송의 유의점

암송은 자칫 잘못하면 교만으로 이어지기 쉽다. 암송하고 있는 구절이 설교 본문으로 나오면 성경책을 찾지 않고도 술술 외울 수 있으니 교만한 마음이 일어서곤 한다. 암송이 자칫 '나의 의'로 여겨지기 쉬운 것…….

그러나 암송은 몇 절을 외웠느냐, 얼마나 안 틀리고 술술 잘 외우느냐가 결코 중요한 것이 아니다. 신앙은 말이나 글이 아니라 '삶'이기 때문이다.

(1) 핵심은 '말씀을 바탕으로 한 나눔'

"하나님이 또 일하셨어!"

앞에서 말한 것처럼 우리는 이런 대화를 참으로 많이 한다. 내 힘으로는 절대 할 수 없는, 하나님께서 하신 놀라운 일들 그 '나만의 이야기'를 새벽마다 깨서 머릿속으로 되뇐다. 다이어리에 쓰기도 하고 소중한 동역자들이나 사랑스러운 아이와 나누기도 한다. 말씀 암송 예배를 통해 삶을 이야기할 때는 물론이고 밥 먹을 때도 잠자리에 들 때도 목욕을 같이 하면서도 아이와 이야기한다.

우리는 의식하지 않아서, 또는 의식적으로 하나님을 우리 삶에 개입시키지 않아서 깨닫지 못할 뿐 하나님의 일하심을 날마다 경험하고 있다. **'부모가 먼저 하나님의 은혜를 경험한 후 말씀을 토대로 아이와 나누고, 아이가 하나님과 함께 살아가는 연습을 하도록 돕는 것'**은 가정 교육의 핵심이다. 한 구절을 암송하더라도 아이와 함께 '하나님과 말씀에 대해' 풍성하게 나누었다면 그것으로 충분하다.

나눔의 구체적인 내용은 '말씀을 통해 받은 은혜, 말씀에서 느껴지는 하나님의 마음 등' 말씀 자체를 두고 나눌 수도 있고, '하나님의 만지심과 일하심, 함께 기도해야 할 문제들, 우리가 돌아봐야 할 이웃들 등' 삶의 전반적인 것을 두고 나눌 수도 있다. 이때 부모는 말씀에 비춰 본 자신의 모습을 아이 앞에서 솔직하게 내어놓을 수 있어야 한다. 교회 중·고등부 학생 중, 열심히 교회를 섬기고 궂은 일들을 도맡아 하는 부모 때문에 시험에 빠지는 아이들이 종종 있다. "우리 엄마는 밖에서만 천사예요", "교회에서의 모습이랑 집에서의 모습이 180도 달라요"라고 대놓고 얘기하는 아이도 있다. '가장 어려운 전도 대상이 한솥밥 먹는 이들'이라고 하지 않던가. 나의 밑바닥까지 아는 가족에게 하나님을 전하기에는 내 삶이 너무 처참하다. 날마다 무너지고 쓰러지는 나를 우리 주님은 이해하시고 한없는 사랑으로 덮으시지만, 믿음 없는 가족들에게는 소위 '말발'이 서지 않는, 세상과 똑같은 모습인 것이다. 그러면 누가 가족을 전도할 수 있단 말인가? 정녕 가족 구원은 불가능한 것인가? 아니다. 이때 필요한 것이 내면에서 우러나오는 진솔한 대화이다.

"○○아, 엄마가 또 이러이러한 죄를 지었어."

"엄마는 이런 점이 정말 부족해."

"그래서 엄만 하나님이 아니면 안 돼."라고 솔직하게 고백해야 한다.

육아든 나눔이든 솔직한 사과와 진솔한 고백은 참으로 중요하다. 권위만 내세우고 사과하지 않는 부모들로 인해 마음을 다치고 결국 하나님께 등을 돌리는 자녀가 얼마나 많은지 모른다.

(2) 깨달은 바를 실천하기

'사랑은 동사'라는 말이 있다. 즉, 말로만 하는, 누구나 할 수 있는 명사적인 사랑 말고, 행동으로 움직여 전해짐이 있는 사랑만이 진짜 사랑이라는 뜻이다.

왠지 나는 주일학교 시절부터 부서 모임 후반부의 '사랑의 띠'가 그렇게 오글거릴 수가 없었다. 그렇게 해서라도 서로의 얼굴을 마주하면서 하나가 되게끔 하기 위한, 교회의 오랜 전통임을 모르지 않지만 일단 어색한 게 싫고 '이런 형식적인 동그라미가 사랑은 아닐 텐데……'라는 거부감이 있었다. 암송을 위해 옮긴 교회에서 다시 모교회로 돌아왔을 때 눈도 안 마주치고 지나가면서 '반갑습니다', '사랑합니다'라고 말하는 선배가 있었는데, 참 힘들었다.

반면, 자녀의 생일 때마다 전도를 하는 멋진 후배 가정이 있다. 생일을 기념해 자신의 즐거움만을 취하지 않고 하나님의 사랑을 이웃에게 나누는 그 모습이 참 예뻐서 우리도 몇 년간 교회 복지관에서 빵을 구입하고 아이와 함께 전도지를 만들어 나누어 드렸다. 코로나 이후 교회에 대한 마음들이 더욱 냉랭해진 것을 확인하고는 결국 그만두었지만, "오늘이 제 생일인데요, 예수님 믿으세요." 하며 사도행전 1장 8절 말씀을 삶으로 살아 내려던 그 마음을 하나님께서 귀하게 여기셨으리라 믿는다.

> 내가 사람의 방언과 천사의 말을 할지라도 사랑이 없으면 소리 나는 구리와 울리는 꽹과리가 되고 (고린도전서 13:1)

만 5세 되던 날 생일 전도

우리는 하나님을 사랑하고 이웃을 사랑할 때 행복하도록 지어졌기 때문에 사랑을 행하지 않으면 아무리 1등을 하고 세계가 주목할 만한 성과를 낸다고 하더라도 진정으로 행복할 수가 없다. 말씀을 통해 하나님의 마음을 깨닫고 그 하나님의 마음이 이 땅에 흘러가도록 손과 발로 움직일 때에야 비로소 말씀 암송이 빛을 발하는 것이다.

따라서 암송 예배가 생명을 가지려면 '말씀에 관해 부모와 이야기하기 → 삶으로 실천하기 → 실천 소감을 나누기' 이 과정이 무한히 반복되어야 한다. 말씀과 나눔들을 삶으로 옮겼을 때 성공했던 뿌듯함이나 실패했던 낭패감 등에 대해서 충분히 이야기하고 서로를 통해 또다시 말씀을 살아 낼 용기를 얻고……. 이것이 하나님이 기뻐하시는 진정한 가정 공동체가 아닐까. ―노회에서 진행되는 성경 암송 대회도 수십 년간 흘러왔던 '단순한 구절 암송과 순위 결정'의 형태가 아닌, 이런 나눔과 실천의 장이 되었으면 하고 소망해 본다.

(3) 글로 표현하기

은혜 및 감사 일기

사람들이 내게 베풀어 준 감사한 일들을 잊어버리고 싶지 않아 고이 적어 두듯, 하나님께서 내게 행하신 감격스러운 일들도 붙잡아 두기 위해 애를 쓴다고 앞에서 말했다. 어느 노래의 제목처럼 한 번씩 '꺼내'서 '먹어' 보면 얼마나 달콤한지 모른다. 이는 내가 읽어 보기 위함도 있지만 후에 내 아이가 읽고 엄마에게 일하신 하나님을 만나고 하나님의 살아 계심을 확고히 깨달았으면 하는 마음이 크다.

하나님의 은혜가 벅차 '일의 전말과 느낌'을 소상하게 적어 내려가

기도 하지만 '매일매일의 감사 제목들'을 간단하게 적기도 한다. 자존감이 매우 낮았던 한 정신과 의사가 이래선 안 되겠다 싶어 감사 제목을 매일매일 적어 나갔더니 몇 년 후 자존감이 완전히 회복되었다는 이야기를 그분께 직접 들은 적이 있다. 고등학교 1학년 1학기, 중학교 때 받아 보지 못한 성적표로 인해 자신이 너무나 싫고 비참해진다는 아이들에게 나도 이 방법을 처방하곤 한다. 꾸준하게 감사 일기를 적는 것이 참 쉽지는 않지만 적극 추천하고 싶은 방법이다.

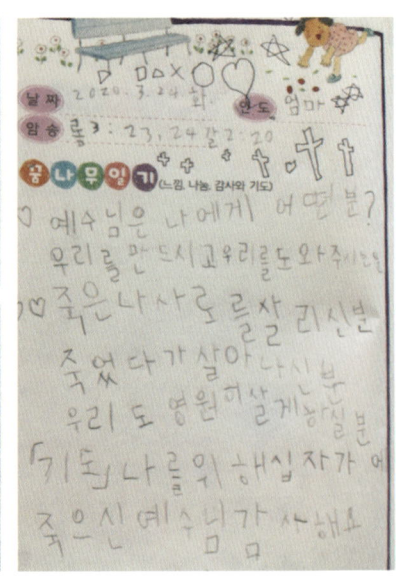

은혜 및 감사 일기 쓰기

말씀 노트

'미취학 아동들이 가만히 앉아 설교 말씀을 듣는 것도 힘든데 받아 적기까지 하라고? 그것도 정리씩이나 해서?'

나도 처음에는 무리라고 생각했다. 하지만, 말씀에 집중하는 훈련을 시키기 위해 초등학교 입학 전부터 설교 말씀을 받아 적게 했는데 그 효과가 놀라웠다.

처음에는 제목만 쓰고 마는 경우가 많다. 그래도 칭찬해 준다. 그림만 그리는 경우도 있는데 대부분 그날 설교 말씀과 관련이 있는 그림이라 무한 칭찬이다. 정리가 힘들어 설교 말씀을 그대로 줄글로 받아 적기도 하지만 이 또한 정말 대견하다며 칭찬해 준다. 이런 과정을 거쳐 점점 중요한 내용을 표로 만들거나 간략하게 정리하고 도

○○이의 말씀 노트

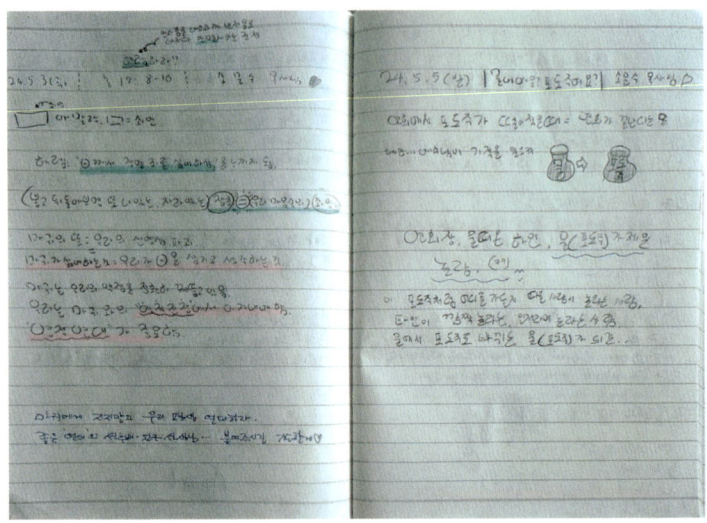

설교 말씀 정리

식화해 간다. 어린아이다운 창의성과 귀여움에 감탄하게 되는 삽화도 중간중간 들어간다. 전혀 의도치 않았는데 국어 공부가 되었다.

내 로망(Roman) 중 하나가 유대인의 금요일 저녁 만찬과 같이 '한 주에 하루, 약속한 저녁 시간에 모여 맛있는 다과를 곁들이며 말씀과 삶을 나누는 것'이다. 잘 아는 전도사님은 중학생 때부터 주일 저녁, 가족들과 함께 그날 들은 설교 말씀에 관해 나누셨다고 한다. 이러한 나눔을 위해서도 설교 말씀 정리는 매우 중요하다. 희미한 잉크 자국이 선명한 기억보다 낫다는 말이 있듯, 잘 각인되어 잊어

버리지 않을 것 같아 보여도 조금만 지나면 희미한 잉크 자국보다 못한 게 사람의 기억이다.

한편, 말씀을 적은 아이의 노트에는 부모가 꼭 코멘트(Comment)를 해 줘야 한다. 생각을 함께 나눈다는 점에서도 의미가 크지만 아이의 동기 부여에도 매우 긍정적으로 작용한다.

Ⅲ
독서하는 아이

1

배경

　고등학교 국어 과목을 가르치고 있어서인지 "아이들 책은 어떻게 읽혀요?"라는 질문을 심심찮게 받는다. 실제로 성적이 우수하고 '오랫동안 앉아 공부하는 힘'이 있는 학생들을 보면 독서를 상당히 좋아하고 즐겨 읽는 책의 수준도 꽤 높은 것을 볼 수 있다. 나 또한 다른 것보다 책을 좋아하는 아이로 키우고 싶다는 생각을 늘 하고 있었는데 감사하게도 그런 아이가 되어 주었다.

　지역 도서관 '가족 북 큐레이터' 행사를 통해 두 달여 동안 아이가 추천한 책을 전시한 적이 있다. 대부분의 아이들처럼 이 아이도 장래 희망 부자였는데, 북 큐레이터를 노래하던 때 공교롭게도 그 기회가 주어졌다. '함께 읽고 싶은 책'을 추천하면 도서관 한편에서 그 책들을 전시하는 행사였는데, "책 소개 글도 써 주세요, 가족사진도 보내 주세요" 하며 행사가 커지고 전시 기간도 길어졌다. 중간중간 요구가 늘어나 도서관 방문이 잦아진 때 일부러 찾아오신 팀장 선생님이 "아이가 이런 수준의 책들을 실제로 읽어요?"라고 물으시며, 본인은 부부 사서이지만 자녀에게 책을 읽히는 게 참 쉽지가 않다고 하셨다. 이러저러한 것들을 물으시는데 나도 신이 나서 아는 대로, 하고 있는 대로 상세히 알려 드렸더니 탁상공론적인 '좋은' 이야기가 아니라 정말 행하고 있는 실제적인 내용이라 와닿는다며 강의를 요청해 오셨다. 여기서는 그 강의 내용을 토대로 조금 더 구체적으로 밝혀 보고자 한다.

2

책에 빠진 아이

책을 잘 읽고 좋아한다는 것의 실상은 무엇일까? 형태가 다양하겠지만 우리 아이의 경우는 이렇다.

(1) 긴 글 읽는 힘

영상도 '짤'이 유행하고 단어도 앞머리만 따서 축약하는 요즘, 뭐든 핵심만 요구된다. 그래서인지 책도 긴 호흡보다는 짧게 핵심만 챙기고 싶어 줄거리나 요약본을 찾아보는 이들이 있다. 책의 유형과 독서 목적에 따라 독서 방법이 다르겠지만 모든 책을 그렇게 읽어서는 절대 안 된다. 특히 뇌의 가능성이 무한히 열려있는 영·유아기 때는 더욱 '스토리를 따라 일의 전말을 차근차근 이해하며 읽는 것'이 중요하다.

명작 소설을 아이용으로 편집하거나 일부 내용을 끊어 짧게 번역한 책들이 많다. 어렸을 때는 흥미 유발을 위해 이러한 책도 읽을 수 있지만 어느 정도 나이가 들어서는 원작을 잘 살려 낸 완역본을 읽어야 한다. '네버랜드 클래식'이나 '비룡소 클래식' 시리즈 같은 것이 그 예이다. '초등 고학년이 되면 이 책들을 구비해 줘야지.' 하고 서점에 가면 한 번씩 그 이야기를 해 줬다. 둘 중 어떤 책을 구입할지를 고민하며 같은 제목의 두 책을 꺼내 들고 비교하는 것을 본 아이는, 초등학교 2학년 '나 홀로 입학식' 때 그걸 선물로 받고 싶어 했다. 어서 구입해서 읽고 싶은 마음은 나도 컸지만 아직 이르다 싶어 고민하다가 결국 사 주었는데 기대 이상으로 재미있게 잘 읽는다. 아이와 내가 읽고 싶은 책이 겹칠 때는 한 권을 같이 넘기며 읽는데 그 재미도 크다. ―두껍지만 내용이 정말 재미있어서 술술 잘 읽히니 꼭 도전해 보기를 바란다.

(2) 생활 속에서 자꾸 꺼내 드는 책

식탁에서 밥 먹다가, 소파에서 이야기하다가, 잠자리에서 잠을 청하다가도 갑자기 "엄마, 그러니까 생각나는 책이 있는데……" 하며 일어나 책을 펼쳐 들고 온다. 대화의 내용이나 지금의 상황과 딱

맞아떨어지는 내용이 책 속에 있어서 그걸 찾아 들고 오는 것인데 놀라움을 금치 못하는 경우가 많다. 나도 분명히 읽은 책인데, 나는 책의 느낌이나 전반적인 내용 위주로만 기억하고 있어 세세한 것까지 기억하지 못한다면 아이는 책의 구석구석을 다 기억하고 있다. 이 아이여서가 아니다. 앞에서 암송은 '어릴 때가 적기'라고 한 것처럼 세상의 모든 아이들의 뇌는 놀랍고도 놀랍다. 하나님께서 분명이 아이들에게 무궁무진한 것들을 넣어 주셨는데 우리가 깨닫지 못할 뿐이고, 아이들의 재능을 발견하기 전에, 특히 요즘은 스마트폰의 영향으로 인해 뇌 속 시냅스들이 가지치기를 당해 버리는 것이 문제이다.

(3) 전집 꺼내 두고 하루 이틀 만에 읽기

이 아이는 한 번씩 마음이 동하면 전집을 몽땅 꺼내 놓는다. 그림책이지만 내용이 그리 단순하지 않은 '인성, 과학, 사회' 책 50~70권을 꺼내 두고는 하루 이틀 만에 다 읽어버린다. 인내와 끈기를 칭찬하면서도 사실 미심쩍었다. '저걸 설마 다 읽을까? 그냥 대강 읽거나 그림 정도만 보는 게 아닐까?' 그런데, 이 또한 하나님이 아이들에게 주신 능력을 얕잡아 본 것이었음을 많은 테스트 끝에 인정하게 되었다.

(4) 체크리스트 만들어 내기 걸기

육아 관련 영상이나 책을 보면 칭찬 스티커를 권장하기도 하고 금하기도 한다. 이처럼 전문가마다 의견이 다를 때 부모는 자신의 상황과 가치관에 맞는 것들을 취사선택하게 된다. 나는 개인적으로 칭찬 스티커와 같은 외적 보상에 대해 찬성하지 않는다. 대신 칭찬은 많이 해 준다. 그리고 결과가 아니라 과정이나 노력에 대한 칭찬을 하기 위해 노력한다.

우리 아이는 칭찬 스티커와는 조금 다른 의미로 체크리스트를 만들어 제안해 왔다. 전집 목록을 표로 만들더니 다 읽은 사람은 체크를 하란다. 가장 많이 읽은 사람에게 본인이 원하는 것을 해 주자고 한다. 가족이 같은 시리즈의 책을 읽을 수 있고 또 선한 경쟁심(?)을 통해 독서도 열심히 할 수 있을 듯하여 그러자고 했다.

아이 스스로 동기를 부여해 가며 읽는 책 읽기만큼 좋은 건 없을 것이다.

즐겁게 읽는 방법

'소크라테스'나 '스티븐 잡스'가 한국에 와서 한두 시간 강의를 한다면 온라인 예매가 단 몇 초 만에 끝이 나거나, 현장 예매라면 수십 시간 전부터 줄을 서지 않겠는가? 그 짧은 강연을 듣기 위해 많은 돈과 시간을 들일 것은 불을 보듯 뻔하다. 그런데 왜 명사(名士)들의 오랜 사색과 경험의 결정체인 '책'은 읽으려고 하지 않을까. 책만큼 유익하고 가성비 좋은 것도 없을 텐데……. 여러 권의 책은 저자의 강의를 단 한두 시간뿐 아니라 몇 날 며칠씩 들려줄 것이며 비용도 단돈 몇만 원이면 충분하다. 읽고 또 읽고, 베껴 쓰고 읊조리고…….

세상의 모든 아이들이 책을 좋아하면 좋겠다. 책을 통해 시공간을 초월하여 많은 이들과 소통하면 좋겠다. 책을 통해 깊이 생각하고 서로를 이해하고 자신을 사랑하면 좋겠다.
책을 좋아하는 아이가 되도록 돕기 위해 내가 했던 방법들을 소개한다.

(1) 글을 알기 전

쉴 새 없는 대화, 아니 독백

우리 아이는 태어난 지 4일 만에 두 살이 되었기에, 같은 연령의 아이와 비교하기를 나는 처음부터 거부했었다. 눈도 못 뜨는 핏덩이와 걸음마를 시작하는 아이와는 비교가 되지 않을 테니 '누가 기저귀를 뗐단다, 누구는 걷기를 넘어 뛰기도 한단다' 같은 그 어떤 말에도 기가 죽지 않았다. 마찬가지로 '말'은 여느 친구보다 빨랐지만, 이 또한 자랑할 만한 일이라고 전혀 생각하지 않았다. 발달에 큰 장애가 있는 경우가 아니라면 시기만 좀 다를 뿐 언젠가는 걸음을 걷고 뛰고, 말도 잘하게 될 테니 조바심을 낼 필요가 없다. 하지만 이런 '시기', 특히 '남들과 비교되는 시기' 때문에 불안해하거나 죄책감을 가지는 부모가 예상외로 많다.

나는 배 속에 있을 때부터 성경을 많이 들려주고 —아빠의 중저음으로 성경책을 읽어 주는 것이 아이의 심리적 안정과 발달에 매우 유익하다— 말도 많이 걸었다. 특히 임종 때 가장 오랫동안 살아 있는 감각이 청각이듯, 배 속에서도 충분히 알아들을 것이라 믿고 일어날 때, 출퇴근할 때, 잠자리에 들 때 등 시도 때도 없이 말을 걸었다. 수다스러울 정도로 아주 많이……. 출산 휴가 중 일이 있어 학교에 아이를 안고 갔는데 "여기가 너랑 엄마가 늘 가던 학교야." 했더니 말도 못 하고 크게 움직이지도 못하는 아이가 얼마나 신나하던지…….

아이와의 대화는 '말을 할 수 있을 때 혹은 어느 정도 알아들을 때' 하는 것이 아니라, '태아 때부터' 하는 것이다. 우리 아이가 말이 유난히 빠른 것이 이러한 배 속 대화와도 상당히 관련이 깊을 것이다.

그때그때의 상황이나 순간순간의 감정들을 다양한 목소리로 이야기해 주는 것도 좋은 방법이다. 타인의 상황과 마음을 공감하는 데도 좋지만 풍부한 감정을 느끼고 표현하는 데도 매우 유익하다.

잠자기 전 독서? 암송!

잠자리에 들 때 책을 읽어 주라는 말을 많이 들었을 것이다. 환하면 수면에 방해가 되니까 간접 조명을 사용하라면서……. 책을 읽고 차분하고 즐거운 마음으로 잠자리에 드는 것이 분명 좋기는 하지만 나는 아이의 시력이 나빠질까 봐 염려스러웠다. 그래서 결국 독서보다는 말씀을 암송해서 들려주는 쪽을 택했다. 그때는 암송 예배를 드리던 때가 아니었지만 시편 23편 1~6절은 외우고 있어서 거의 매일 들려줬다. 구절 속 '나'라는 단어 대신 아이의 이름을 넣어서 들려주면 그 자체가 축복 기도가 된다.

> 1 여호와는 **나**의 목자시니 **내**게 부족함이 없으리로다
> 2 그가 **나**를 푸른 풀밭에 누이시며 쉴 만한 물가로 인도하시는도다
> 3 **내** 영혼을 소생시키시고 자기 이름을 위하여 의의 길로 인도하시는도다
> 4 **내**가 사망의 음침한 골짜기로 다닐지라도 해를 두려워하지 않을 것은 주께서 **나**와 함께 하심이라 주의 지팡이와 막대기가 **나**를 안위하시나이다
> 5 주께서 **내** 원수의 목전에서 **내**게 상을 차려 주시고 기름을 **내** 머리에 부으셨으니 **내** 잔이 넘치나이다
> 6 **내** 평생에 선하심과 인자하심이 반드시 **나**를 따르리니 **내**가 여호와의 집에 영원히 살리로다 (시편 23:1~6)

성경책 및 동화책 읽어 주기

아이의 첫 책은 성경이기를 바랐다. 영아부에서 출산 선물로 받은 겨자씨 출판사의 '바울'이 편집이나 그림이 괜찮다 여겨져서 전집 20권을 샀다. '아기를 위한 성경책'을 고르는 데도 심혈을 기울였는데, 여러 출판사 중 유아부에서 주신 '꿈나무 성경'이 가장 괜찮아 날

마다 서너 단원씩 읽어 줬다. 퇴근 후 품에 안고 뽀뽀 세례를 퍼부으며 '와~ 이 그림은 뭘까?', '이 다음엔 뭐가 나올까?', 아이가 말을 하지 못해도 분명 이해할 거라 믿고 열심히 읽어 주며 묻고 답했다.

(2) 혼자 읽을 수 있을 때

'나도 내가 먹고 싶은 메뉴 좀 먹자고!'

모유 수유를 위해 김치도 제대로 못 먹고 미역국만 왕창 먹을 때, 혹은 아이와 함께 먹어야 해서 짜장면이나 돈가스만 주문할 때의 그 답답함처럼, 지친 몸을 이끌고 돌아와 식사하고 정리까지 마친 후 이제 좀 쉬고 싶을 때는 '아이에게 읽어 줘야 하는 책 말고 내가 읽고 싶은 책 좀 읽고 싶다!'라는 마음이 간절해진다. 이런 이유로 아이가 스스로 책을 읽게 될 날을 고대하고 또 고대했었다. 하지만, 혼자 독서가 가능한 시기가 되어도 책을 읽어 주는 것은 필요하다. '책 읽어 주기'는 단순히 글자를 모르는 아이를 대신해서 읽어 주는 행위, 그 이상이기 때문이다. 부모의 따스한 품에 안겨 살을 비비는 보드라운 감촉과 좋은 향기, 나긋하고 상냥한 목소리, 상황에 따라 맛깔나게 들려오는 인물들의 대화나 예쁜 그림은 책을 읽는 행위를 한층 행복하게 느끼도록 한다. 다양한 감정을 다양한 목소리로 표현하고 책을 읽으면서 드는 의문들을 여러 방법으로 이야기해 주면 아이의 감정 표현도 풍부해지고 상황을 해석하는 눈도 생기며 다양한 대처 방법까지 배우게 된다. 부모의 가치관이나 세상을 보는 눈도 자연스레 스며들게 되니 이 얼마나 소중한 일인가. 위인전에서만 가치를 배우는 것이 아니다.

궁금해할 때 한글 떼기

"한글을 언제 어떻게 뗐어요?" 이 또한 많이들 물어오신다. 너무나 많은 학생들이 이른 지식 교육(학습지나 학원 수강)으로 인해, 정작 힘을 쏟아야 할 때 학습에 흥미가 떨어져 있음을 늘 경험하고 있기에, 나는 교과 지식 습득을 위한 학습지나 학원 수강은 모르는 내용을 보충하거나 특정 과목에 대한 흥미가 떨어지지 않게 돕기 위해서만 이용하려고 한다. 한글 학습도 마찬가지다. 아이가 준비되어 있고 필요를 느낄 때 가르칠 생각에 내가 앞서서 억지로 가르치진 않았다. 마음에 드는 한글 떼기용 문제집을 하나 구비해 두고서 아이가 한두 글자씩 궁금해하면 꺼내서 보여 줬더니 쉽고 빠르게 한글을 깨치게 되었다. 4세부터 7세까지 국공립 어린이집을 다녔는데 만 4세 때 1월생인 어린이집 친구가 유리창에 붙어 있는 '자전거 타기 금지', '유리 조심'이라는 글자를 읽는 것을 본 후 "엄마, 이건 어떻게 읽는 거야?"라고 물어 오기도 하고, 좋아하는 친구들의 이름을 어떻게 쓰는지 궁금해하기도 하면서 한글을 공부하기 시작했다.

일정 시기가 되면 폭발적으로 읽음

좋은 경험을 많이 갖게 하려고 제주도 등 풍경 좋은 곳을 여행하는데 아이가 그곳 경치에는 관심도 없고 눈앞의 카시트나 안전벨트에만 관심을 보일 때의 답답함처럼, 책을 읽어 주면 책 내용보다는 그림에만 집중하거나 책마저도 아닌 주위 상황들에만 관심을 기울일 때면 '이 아이가 책을 좋아하게 되기는 할까?' 의문이 들었다. 책을 좋아하는 아이는 8세 정도가 되면 폭발적으로 읽기 시작한다는데 우리 아이도 그렇게 될까 늘 의문이었는데, 정말 어느 순간 아이가 책을 '폭발적'으로 읽기 시작했다. 친정어머니께서 아이의 등·하원을 도와주셨는데 어린이집 가기 전에도 10권씩 빼 와서 읽어 달라 했다고 하신다.

소리 내어 읽기

책을 소리 내어 읽으면 눈으로만 읽을 때보다 뇌가 훨씬 더 활성화된다. 눈으로 문자를 보고 뇌의 저장고에 담으면서 의미를 이해하는 묵독보다는, 눈으로 본 문자를 입으로 소리 내는 변환 작업을 추가한 음독이 뇌를 더욱 활성화하는 것이다. 더불어 기억력 향상에도 음독이 훨씬 큰 도움이 된다.

아이와 나란히 앉아 각자 다른 책을 읽을 때 가끔씩 '소리 내어 읽자'고 제안해 보라. 바로 옆에서 소리를 내면 방해가 될 것 같지만 전혀 그렇지 않고 오히려 집중이 더 잘된다. 소리에 소리가 더해져 재미까지 느껴지니 꼭 시도해 보기를 권한다.

여행 갈 때 책 챙기기

주말에 비슬산 캠핑을 갔다가 참꽃 군락지로 향하는 전기차 매표를 위해 꼬박 두 시간 줄을 서서 기다린 적이 있다. 다리도 아프고 매우 힘들 법한 그때 나는 갓 발간된 책을 읽느라 시간 가는 줄 모르고 서 있었고 다 읽으니 내 순서였다. 이처럼 줄을 서서 차례를 기다려야 하는 상황이나 이동하는 차 안에서 책을 꺼내 들면 마음이 한층 여유로워져 불평이나 짜증이 즐거움으로 바뀌는 경험을 하게 된다.

자연으로 여행을 떠나기 전 도서관에 들러 읽고 싶은 책을 빌려서 가 보는 것도 들뜬 여행의 기분과 어우러져 행복이 배가 된다. 제주도에 며칠 머물면서 서귀포 도서관을 매일 들러 책도 읽고 도서관 식당에서 밥을 먹기도 하고 대출해서 이동하는 차 안에서 읽기도 했다. 아이의 도서 대출 카드를 일부러 제주도에서 만들었는데, 이후 대출 카드를 볼 때마다 제주도가 떠올라 기분이 좋아진다고 한다. 여행지에서의 이러한 기억도 소중한 추억이 될 수 있으니 한 번쯤 시도해 봐도 좋을 것이다.

(3) 좋은 책 선정

양서? 만화책은?

서점에 가 보면 그날 새로 나온 신간이 백 권도 넘는 것을 볼 수 있다. 이렇게 책이 쏟아져 나오는 시대이지만 모든 책이 다 유익한 것은 아니다. 인터넷에 떠도는 영상이나 정보들도 아이들이 혹여

볼까 염려되는 콘텐츠들이 부지기수인 것처럼 책이라고 다 읽혀도 좋은 것은 아닌 것이다.

따라서 '부적절한 책을 잘 선별해 주는 것'은 매우 중요한 부모의 역할이다. 홈스쿨을 하시는 한 사모님은 아이가 멀리 해야 할 책을 '선악과 책'이라고 명명하시기도 하는데, 나는 '폭력적이고 음란한 책, 터무니없고 불가능하며 몽환적인 환상을 내포한 책, 상상력을 넘어서는 부정함을 담고 있는 책 등'을 그런 '선악과 책'으로 분류해서 배제한다. '진화론이 담긴 책, 인류의 역사를 심하게 왜곡하는 책, 불가능한 외부 세계의 개입으로 인해 문제(성격이나 성적 등)가 해결되는 식의 내용'은 읽지 않도록 권한다. 그러기 위해서는 부모가 먼저 읽고 타당한 이유를 들어 잘 설명해 주어야 한다. 아이가 공감하며 그런 책을 멀리하다 보면 뒤에는 아이가 먼저 '이 책은 이러이러한 이유로 좋지 않아' 하며 들고 온다. 교과서에 나오는 글이라고 해서 다 좋은 내용인 것도 아니다. 아이가 접하게 될 수많은 콘텐츠를 부모가 평생 함께 접할 수는 없으니 아이 스스로 옳은 것과 그렇지 않은 것을 분별해 낼 혜안(慧眼)을 가질 수 있도록 성경의 내용과 비교해 가며 함께 이야기 나누길 바란다. ―이건 선택이 아니라 필수다.

부모 교육을 하다 보면 '아이가 만화만 너무 많이 본다'는 고민을 매번 듣게 된다. 만화 자체가 나쁜 건 아니지만 그것에만 너무 심취하는 건 지양해야 한다. 아이를 양육하기 전에는 나도 '학습 만화는 괜찮겠지' 생각했고 집에 전집을 구입해 둘 생각까지 했었다. 하지만 성경을 만화로 그려 낸 책 등 여러 만화책을 접하면서 과장이 심하고 심지어는 진실에 어긋나는 것까지 발견하게 되었다. 물론 모든 책이 다 그런 것은 아니겠지만 흥미와 재미를 추구하는 만화의 성격상 과장된 부분이 없지 않다. 부모가 함께 읽으면서 '이 부분은 성경과 맞지 않네', '이 사람의 성격은 성경에서 느껴지는 것과는 달리 많이 과장된 것 같아'라고 이야기해 주는 것이 필요하다. 즉, 아이가 만화책을 통해 잘못된 고정 관념을 가지지 않도록 부모가 잘 살펴야 한다.

그리고 만약 어려운 교과 지식을 쉽게 접근하기 위해 만화책을 활용한다면 그것을 바탕으로 학습으로 잘 넘어갈 수 있도록, 만화책이 징검다리 역할을 충실히 할 수 있도록 곁에서 관심을 가져야 한다. 수학을 무척 좋아하는 학생이 수학 문제는 풀지 않고 만화로 된 수학책만 탐독하는 경우, 절대 수학 실력이 오르지 않을 뿐 아니라, 재미가 쏙 빠진 딱딱한 학문으로 수학을 접하게 되면 흥미를 잃어버릴 수 있으니 조심해야 한다. 따라서 만화책에서 줄글로 잘 넘어갈 수 있도록 관련된 내용의 줄글 책을 옆에 두고 잘 연계해 주는 센스(^^)가 필요하다.

좋은 책 고르기

책을 고를 때는 일단 읽어 봐야 하기 때문에 나는 도서관이나 서점을 이용한다. 마음에 드는 책을 발견하면 30쪽 정도 읽어 보고 계속 읽어 나갈지 그만둘지를 판단한다. 전집은 가까운 어린이 서점에 가서 읽고 책의 구성이나 내용, 가독성, 편집, 삽화, 가격 등을 고려해서 구매한다. 참고로 서점은 사람이 많아 분주하고, 판매나 홍보만을 위해 좋은 책보다는 판매가 잘될 것 같은 책을 유독 많이 널어 두는 곳보다는, 가능하면 독서를 할 수 있게끔 의자가 넉넉하게 구비되어 있고 견본 도서를 많이 비치해 둔 곳을 택하는 편이다. 집에서 그리 멀지 않은 곳들은 대체로 전자에 가까운 서점이어서 하루 혹은 반나절 시간을 낼 수 있는 날 30분 정도 고속도로를 달려 시외의 한 서점을 찾아가곤 한다. 카페와 같은 분위기에서 서로 흩어져 책을 읽다가 서점 근처 식당에 가서 식사도 하고 다시 들어가 책을 읽다 근처 공원에도 가고……. 거기서 사 들고 나오는 책은 돌아가는 내내 읽고 싶어 마음 설레는 소중한 선물이다. 서점 가는 그 하루가 소풍이며 나들이다. ―하지만 시간적 여유가 많지 않을 때는 가까운 서점도 얼마나 보석 같은 곳인지 모른다. 온라인 도서 구매가 활발한 시대임을 생각하면 더할 나위 없이 고마운 곳이다.

한편, 시사 잡지를 아이 이름으로 정기 구독해서 읽는 것도 좋은 방법이다. 독서, 수학, 사회, 과학 교과와 연계된 잡지가 많은데, 이 또한 도서관에서 읽어 보고 내용이나 집필 방향, 편집 등을 면밀히 살핀 후 결정하는 것을 추천한다. 우리 아이는 사회, 과학과 관련된 시사 잡지를 구독하였는데 실생활과 밀접한 내용이어서 관련 화제에 대해 이야기할 때면 부모보다 더 많은 상식이나 최신 데이터로 이것저것 설명을 해 주어서 새롭게 알게 되는 것들이 많았는데 그것이 아이의 자존감을 높이는 데 큰 도움이 되었다. 그 분야에 대해 구체적이고 심화된 내용의 '가지 질문'들을 해 주면 아이는 호기심과 책임감이 발동해 더 많은 것을 능동적으로 배워 나가게 된다. 그야말로 자발적 탐구다.

(4) 책이 좋아지도록 '도서관 Day'

토요일, 특별한 이벤트를 계획하지 않았다면 집 근처 도서관으로 온 가족 나들이를 가 보라. 일명 '도서관 Day'. 돈을 많이 들인 그 어떤 여행 못지않게 알차고 유익한 시간을 보낼 수 있다. 도서관에서 책을 읽는 것이 핵심이지만, 오고 가며 긍정적인 추억을 많이 쌓을 수 있어 더 좋다. 평소에는 잘 사 주지 않는 특별한 간식을 사 준다거나 맛난 음식을 싸 가서 근처 벤치에 앉아 먹을 수도 있다. 도서관 프로그램에 가족이 함께 참가하는 것도 좋고 주변의 재미있는 장소에 들러 즐기다가 오는 것도 좋다.

그리고 잘 찾아보면 집 근처에 '작은도서관'들이 많다. ─우리 집 주변만 해도 대여섯 군데나 된다.─ 도서관 저마다의 특성들이 있는데 우리는 그중 마음이 편안해지는 한두 곳을 택해 놀이터처럼 애용하면서 '창의적 만들기', '그림책 수업' 등을 수강하기도 하고 각종 캠페인에 참가하기도 한다. 일반 도서관보다도 저렴하고 경쟁도 치열하지 않아 참여하기가 수월하다. 학원 전후 빈 시간을 이용해 책을 읽거나 쉬었다 가는 초등학생도 많고, 아이를 위한 수업뿐 아니라 육아에 지친 엄마를 위한 강좌도 있다. 우리 가정은 홈스쿨 기간 크고 작은 강좌에서부터 '자전거 고쳐 타기 운동'(일명 '리바이크'), '팔거천(지역 하천) 살리기 운동' 등의 환경 운동까지 다양하게 참가할 수 있어 매우 뜻깊었다.

(5) 다양한 독후 활동

단순히 책을 '읽는 것'을 넘어 '표현'까지 가야 진정한 독서라고 말할 수 있다. 초등 고학년이 되면 학습 만화로 갔다가 중학생 이후엔 책 읽기를 아예 포기한다고들 하는 마당에 욕심이 과하다 할지 모르겠지만 독서의 힘을 잃지 않으려면 독서를 통한 또 다른 영역으로의 발전이 중요하다.

책 함께 읽고 서로의 문제 풀기

부모와 아이가 자신이 읽고 싶은 책을 골라 읽은 후 상대방과 책을 바꿔서 또 읽는다. 세 명이면 세 권, 네 명이면 네 권. 이렇게 책을 돌려 가며 읽은 후 자신이 선정한 책에서 선다형, 단답형, 서술형 등의 문제를 성의껏 출제한다. 그냥 책을 읽을 때와 '타당한 근거를 바탕으로 답안까지 작성하면서 문제를 만들어 가며 읽을 때의 독서'는 엄청난 차이를 보인다. 하나의 작품을 혼자 이해하고자 공부할 때와 누군가에게 가르쳐 주기 위해 공부할 때의 배움의 깊이가 완전히 다른 것처럼……. 그렇게 문제를 출제한 후에는 인원수만큼 복사해서 문제를 풀게 한다. 이후 출제자가 채점을 해 주고 틀린 문제의 오답 풀이를 돕는다.

몇 문제를 맞히고 틀리느냐는 중요하지 않다. 온 가족이 함께 서로가 흥미 있어 하는 책에 관심을 가지고 돌려 읽는다는 것과 책 내용에 대해 함께 대화를 나눈다는 점이 중요하다. 이 과정에서 배움의 폭이 넓어지는 것은 물론이고 서로를 향한 이해가 깊어지는 행복까지 만끽하게 된다.

책 읽고 문제 만들기 (3)

도서명	무더운 여름	지은이	유시나	출판사	메가북스
읽은 날짜	2021.10.25.월	출제 날짜	2021.10.25.월 오후4:30~(1시간30분소요)	출제자	신하은

이은희
80

1. 구름의 종류가 아닌 것은 무엇인가요? (3)
   ① 쌘비구름
   ② 소나기구름
   ③ 기압
   ④ 소나기

2. 산에서 밥을 할 때 알맞은 것은 무엇인가요? (2)
   ① 물은 원래 하던 만큼만 한다.
   ② 냄비 뚜껑에 무거운 돌을 올린다.
   ③ 쌀 몇 개만 가져간다.

3. 다음은 어떤 식물의 설명일지 쓰세요. (오디)
   • 뽕나무 열매다.
   • 어른들은 오디오 술에 담가 먹는다.
   • 처음에는 녹색이었다가 자주색으로 익는다.
   • 아이의 간식도 되고, 주스도 마신다.

4. 뇌우와 관련한 설명으로 알맞은 것 두 가지 고르세요. (1 4)
   ① 여름에 잘 발생한다.
   ② 바람이 조용히 분다.
   ③ 태풍을 일으키는 비다.
   ④ 갑자기 쏟아져 내린다.

5. 별자리의 이름으로 알맞지 않은 것은 무엇인가요? (1)
   ① 뱀 주인
   ② 독수리
   ③ 거문고
   ④ 궁수
   ⑤ 화살

책 읽고 문제 만들기

독서 감상문 쓰기

독서 후의 활동으로 가장 흔한 것이 감상문 쓰기가 아닐까. 흔하지만 절대 무시할 수 없는 핵심 또한 이것이다. 단권이든 전집이든 줄거리나 소감을 기록하는 습관은 책의 내용을 정리하거나 시간이 지난 후 요점을 떠올리는 데 유용하다. 게다가 이 활동은 책의 내용을 재구성해서 자신의 언어로 표현해 내는 것이기에 통합적, 비판적, 창의적 사고 능력을 높이는 데도 더할 나위 없이 좋다. 짧은 문자 메시지에서부터 길이가 긴 실용문까지, 살아가면서 글쓰기가 필요한 때가 참 많은데 문장 구성 능력이나 표현력을 높이는 데도 매우 효과적이다.

감상문의 일반적인 요소인 '읽게 된 동기, 줄거리, 인상 깊은 장면, 느낀 점' 등을 적어 보거나 그것도 힘들다면 본문 중 '기억해 두고 싶은 구절'을 그대로 베껴 적은 후 한 줄 평을 남겨 보는 것도 괜찮다.

추천 도서 발표 및 전시

책을 읽다 보면 '이건 정말 함께 읽어야 해!'라고 생각되는 좋은 글들이 보인다. 혼자 읽기 아까운 책. 이런 건 '추천 도서'라고 해서 책 내용을 정리하여 발표도 하고 거실의 한 곳에 일정 기간 전시도 한다.

제목	안네의 일기	읽은 기간	2022년 1월 18일 ~ 2월 7일
글쓴이	안네 프랑크	작성 일자	2022년 2월 8일 화요일
읽게 된 동기	(엄마가 인터넷으로 책을 구매했고) 엄마가 방에 같이 읽자고 해서 읽게 되었다.		
기억에 남는 장면 및 그 이유	안네가 그냥 평범하게 집에 있다가 소식을 듣고 (옷을 꽁꽁 싸매고) 숨으로 갈때 갑자기 온 소식에 놀라기도 했을것이고 또 우리가 이렇게 편안하게 있을수 있다는게 감사해서		
줄거리	안네 프랑크는 1929년에 태어났다. 부모님은 아버지인 오토 프랑크 어머니인 에디트 프랑크고 언니는 마고 프랑크다 안네는 평범한 집안에서 살다가 1941년에 유대인 중학교에 갔다. 그리고 1942년 12월 9일부터 독일에게 숨어 살게 되었다. 안네가 은신처에 숨어서 산 날은 약 25개월 정도를 살았다. 1944년 8월 4일에 은신처가 발각되고 15살에 죽었다. 1945년 5월에 전쟁이 끝 났고 안네의 아버지만 살아 남았다.		
생각 및 느낌	안네의 일기를 읽기 전에는 이렇게 우리가족 처럼 사는것이 당연하다고 생각 했는데 안네의 일기를 읽고 난뒤에는 지금도 공격을 피해 도망다니는 사람들이 있다고 생각해보니 우리처럼 사는게 감사한 것이구나 라는 생각이든다. 또 안네가 어린 나이에 숨어서 사는게 얼마나 힘들까 라는 생각도 들었고 이런 상황 속에서도 순수하게 말하고 쓰는 안네가 상황극복도 잘하고 대단하다고 생각된다. (귀엽기도 하고서)		

추천 도서 독서감상문

추천하고픈 도서에 대해 서평이나 감상문을 적고 돌아가며 발표도 한다. 내용을 정리한 파일이나 관련 자료를 모니터에 띄우는 방식으로 보조 자료도 사용하고…….

자신이 알게 된 내용 중 부모에게 알려 주고 싶은 몇 가지를 정리하는 것만으로도 능동적이고 주체적인 학습이 된다. 따라서 이 방법은 비단 독서에만 해당되는 것이 아니라 궁금증을 가지고 탐구한 모든 주제에 활용할 수 있다. 중학생 이상이 되면 '주제 탐구, 프로젝트, 책 읽고 발표하기' 등의 이름으로 여러 과목의 수행평가로도 이 방식은 많이 활용된다. 발표가 힘든 아이에게, 가장 친근한 대상 앞에서의 즐거운 발표 시간은 발표에 대한 두려움을 덜어 줄 뿐 아니라 자신감 향상에도 큰 도움을 준다.

내용 따라 쓰거나 그림 따라 그리기

'좋은 문장 따라 쓰기'

이는 위인들의 독서법으로 늘 빠지지 않고 등장하는 방법이다. 글을 읽다 보면 내용이 좋아서, 혹은 표현이 참신하거나 문장이 아름다워서 마음에 새기거나 두고두고 머물고 싶은 부분이 있기 마련이다. 그때는 포스트잇에 메모해서 자주 보는 곳에 붙여 두고 오며 가며 읽어보라. 일상이 새로워지고 마음이 풍성해진다.

  마찬가지로 좋은 내용을 따라 쓰거나 예쁜 그림을 따라 그리면서 왜 이 대목이 마음에 와닿았는지 이야기해 보는 것도 좋다. 정서적인 기쁨을 얻는 것은 물론이거니와 숨겨진 아이의 마음까지 읽을 수 있으니 일석이조다. 그림에 자신이 없는 아이라면 기름종이와 같은 트레이싱지(Tracing paper)를 이용해 좋아하는 그림을 따라 그려봄으로써 완성도 있는 작품을 만들어 보는 것도 괜찮은 방법이다.

그림 따라 그리고 짧은 감상문 쓰기

작품의 일부분 고쳐 쓰기

글을 읽다 참신한 내용이 나오거나 핵심이라고 여겨지는 구절이 발견되면 그 부분을 다른 말로 고쳐 보는 활동도 의미가 있다. 통통 튀는 우리 아이들의 놀라운 답변들은 재치를 넘어 많은 생각을 하게 한다. 이 활동은 아이의 창의력과 더불어 책에 대한 이해 정도도 가늠할 수 있기에 여러모로 유익하다. 비록 마음에 들지 않는 탈바꿈이라도 열린 마음으로 수용하고 칭찬해 주는 것이 이 활동의 포인트다.

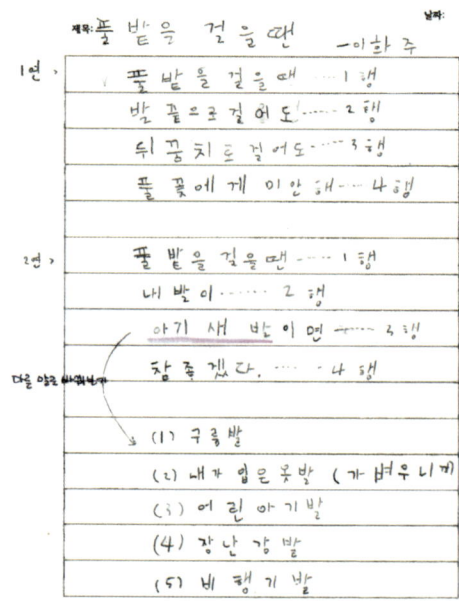

작품의 일부분 고쳐 쓰기

단어 사전 만들기

책을 읽다가 모르는 단어가 나오면 모바일이나 웹이 아니라 두툼한 한글 사전을 찾도록 유도한다. 책으로 된 사전은 한글의 자모 순서를 생각하게 하고, 찾고자 하는 단어 앞뒤에 놓인 단어들도 보게 하여 색다른 유익이 있다. 두꺼워 손이 잘 가지 않으니 자주 사용할 수 있도록 바닥이나 테이블 위에 올려 두고 심심할 때마다 뒤적이도록 하는 것이 좋다.

단어 탐색은 '나만의 단어 사전'을 만들어서 하나의 단어에 대해 여러모로 고민하고 정리해 보는 방법을 추천한다. 나는 『크리스천 엄마의 독서 수업』(장대은)[6]의 양식을 참고하여 단어장을 만들었다.

---

6) 장대은, 『크리스천 엄마의 독서 수업』, 생명의말씀사 (2020)

낯선 단어를 만났을 때 (1)바로 사전을 찾지 않아요. (2)문맥 속에서 내가 생각하는 뜻을 적어봐요.
(3)사전의 뜻을 찾아보고 내 생각과 비교해요. (4)나의 활용법을 생각하고 문장이나 말로 표현해요.

[1] 오늘의 단어 (언저리) 2021년 8월 13일 금요일		
(도서논술)		
책제목	우리 땅 곤충 관찰기	출판사 길벗스쿨 페이지 104
쓰인 문장	이 다음 속 언저리에서 늦반디불이가 반짝반짝 불빛 그림을 그리며	황홀하게 날아다녀요. ♡
단어 뜻	(나의 정의) 과일에 곰팡이가 핀 느낌	
	(사전적 정의) 1. 둘레의 가 부분 2. 어떤 나이나 시간의 전후 3. 어떤 누군이나 정도의 위 아래	
비슷한 말	주변, 가, 가장자리, 근방, 부근	
반대말	중심, 중앙	
한자	순 우리말	
알게된 점	"언저리"가 둘레의 가 부분 이라는 것을 알게 되었다.	
나의 활용법	그네를 타고 있는데 소매 언저리에 구멍이 나 있었다.	

나만의 단어 사전 만들기

가족도서관 행사

우리 가족은 사서로서의 필명을 가지고 있다. 역할놀이를 하면서 '해피 도서관'인 우리 집에서 'ㅇㅇ 사서'라는 이름으로 서로를 부르다 보니 생긴 필명이다. 그날 기분에 따라, 아이의 성장에 따라 이름이 바뀌기도 하는데, 그날의 이름으로 서로를 불러주고 각종 게시물이나 전시물도 그 이름으로 올린다.

도서관 행사는 아이가 주가 되어 이벤트를 기획하고 진행하는데, 예를 들면 기간을 정해 주고 그동안 읽은 책들을 스티커로 표시해 뒀다가 총 권수를 일정 금액으로 환산해 도서관 매점에서 맛난 음식들로 바꿔 먹게 하는 등의 활동을 할 수 있다.

스스로 기획하고 보완해 가며 합을 맞추는 이러한 경험은 독서 이상의 배움과 유익이 있으니 자기 가족만의 스타일로 진행해 보기를 권한다.

해피도서관 페스티벌

(6) 유의점

읽어야 하는 이유 나누기

공부든 뭐든 '아이가 했으면' 혹은 '하지 말았으면' 하는 일이 있을 때에는 명령을 할 것이 아니라 공감대를 형성해 나가야 한다. 어른이든 아이든 납득이 되어야만 동기를 가지고 즐겁게 임할 수 있음은 물론이거니와 부모와 자식은 상하관계가 아니라 함께 비전을 품고 걸어가야 할 동역자이기 때문이다. 물론 주님이 주신 부모의 권위는 마땅히 존중되어야 한다. 하지만 강압적인 권위는 아이가 자라날수록 그 힘을 잃을 뿐만 아니라 반항심을 불러일으켜 돌이킬 수 없는 관계로 전락하게도 한다. 'I message'로 자신의 마음을 지혜롭게 표현하는 것도 좋지만 더 중요한 것은 '왜' 그것을 요구하는지를 알리고 동의를 얻는 것이다.

마찬가지로 독서 또한 무조건 좋으니까 시킬 것이 아니라, 왜 책을 읽어야 하는지 부모의 생각을 들려주고 꾸준한 독서를 통해 위대한 삶을 살아간 위인들의 이야기나 책 읽기의 성공 및 실패 사례를 들려주며 동기를 가지고 읽어나가게끔 도와야 한다.

서울대학교 소아청소년과 김붕년 박사는 '사춘기 아이의 충동 조절을 위한 가장 강력한 무기는 문·예·체'라고 말한다. 여기서 '문'은 글 읽기, '예'는 음악·미술 활동, '체'는 운동과 같은 신체 활동이다. 어린 시절에는 대체로 거침없이 씩씩하게 할 말을 하는 아이에게 '말을 잘한다'라고 하지만, 사실 진정으로 말을 잘한다는 건 '말의 내용이 탄탄하고 논리적이며 상대방이 이해하기 쉽게 풀어서 이야기하는 것'을 가리킨다. 씩씩하게 말하는 것에서 나아가 '생각이 깊고 이야깃거리가 풍부하며 남의 말을 경청하고 상대를 배려할 수 있는 능력을 가진 사람'이 진짜 말을 잘하는 소위 '인싸'가 될 것이며 여기에는 풍부한 독서가 밑바탕이 되어야 한다.

아이만? No! 함께 읽기

부모는 스마트폰에 빠져 있으면서 아이에게는 '폰 그만 보고 들어가 공부나 하라'고 말하는 것처럼, 부모는 책을 한 자도 읽지 않으면서 아이에게는 '독서 좀 하라'고 말하는 것은 이율배반적이며 부끄러운 일이다. 언행이 일치하지 않는 사람을 우리가 힘들어하듯 아이들도 어른의 이러한 이중적인 모습을 힘들어한다. 나이를 먹어 갈수록 부모의 말이 먹히지 않고 관계가 점점 소원해지는 이유 중 하나가 부모의 이런 이중성 때문이다.

책이 중요하고 독서가 필요한 건 알겠는데 습관이 배어 있지 않아 책 읽기가 힘들다는 부모가 많다. 사실은 나도 그랬다. 국어 교사이면서도 시중에 나오는 책들을 즐겨 읽지 않았다. '독서'라는 과목을 가르치면서 독서의 중요성을 이야기하지만 대학수학능력시험에 출제되는 책이나 신앙 서적 외에는 굳이 찾아서 읽지 않았던 것이다. 그러던 어느 날 인터넷 서점에서 파본(破本)을 저렴한 값에 팔기에 우연히 구입하게 된 책들 가운데 『48분 기적의 독서법』(김병완)이 있었다. 그 책을 읽으면서 독서에 대한 동기 부여가 크게 되었고 3년에 1천 권 읽기를 목표로 본격적인 독서에 돌입하기 시작했다. '임계점'에 들어서게 된다는 양을 다 채우기도 전에 책의 재미에 풍덩 빠져 버렸고 지금은 책이 없으면 못 살 만큼 독서가 인생의 크나큰 '낙'이 되었다. 미국의 유명 방송인 오프라 윈프리의 낙이 '수많고 많은 과업들을 다 행하고 난 후 하와이에 있는 자신의 별장 벽난로 앞에 앉아 다리 뻗고 읽는 책 한 권'이라는 말이 이해가 되고도 남았다. 독서의 달콤함과 환희는 경험해 보지 못한 이들은 결코 이해할 수 없는 행복이다.

감사하게도 아이가 스스로 책을 읽을 즈음 나도 책을 좋아하게 되어서 우린 시간만 나면 책을 들고 있게 되었고, 재미있는 책들이 집안 여기저기에 널려 있으니 서로가 다른 사람이 읽는 책에 관심을 가지고 뒤적이게 된다. 이쯤 되자 남편도 태블릿을 들고 있는 시간이 현격하게 줄어들었고 한 번씩 재미있는 책에 빠졌다 나오면 "다음은 무슨 책 읽을까?" 우리에게 종종 물어 온다.

쉽지 않더라도 시작해 보라. 꾸준하게 읽지 못하더라도, 작심 3일이 되더라도 또 작심하고 또 작심해서 읽어 보라. 책의 재미에 빠지게 되면 아이의 독서 습관을 잡아 주기에 앞서 내 삶이 풍성해진다.

거실을 북카페로

마음속 결단이 행동으로 이어지는 것은 분명히 어렵다. 내가 생각을 유독 많이 하는 타입이라 그렇기도 하지만, 다른 사람에게 폐가 될까 혹은 넓은 오지랖이 될까 염려해서, 아니면 용기가 부족하거나 혹은 게을러서…… 여러 가지의 이유로 생각이 실행으로 옮아가기가 쉽지 않다. 이런 중에도 현실이 된 내 로망이 있다면 '거실의 북카페화'다!

커다란 TV 모니터가 떡하니 자리를 차지하고 가정의 주인이 되어 참 주인인 인간의 소중한 휴식 시간을 앗아 가고 있는 것이 아무래도 내겐 큰 문제로 보였다. 절제를 못 해서 늦은 시각까지 채널을 돌려보고 아침에는 일어나는 것이 곤혹이었던 경험. 이제는 스마트폰이 그 역할을 감당하고 있긴 하지만…….

이런 삶이 반복되는 게 억울하고 허무해서 책을 즐겨 읽지 않던 때에도 TV 시청은 줄여 나갔다. 특히 '아이가 TV에 빠져 지내지 않도록 도와야겠다'고 작심하고는 돌 이전, 육아로 너무 지칠 때 잠든 아이를 안고 오디션 프로그램 한두 편씩 보는 것 외엔 TV를 거의 켜지 않았고 첫돌이 될 무렵엔 그마저도 끊어 버렸다. 그러고는 TV 대신 전면 책장을 들여놓았다. 거실의 소파는 애물단지가 되었고 대신 긴 테이블과 의자가 거실 중앙을 차지하게 되었다.

두 아들을 명문대에 보낸 한 동료 선생님은 아이들이 어릴 때부터 자기 방이 아닌 거실에서 공부하게 하셨다고 한다. 감시의 의도는 아니었고 그렇게 늘 거실에서 함께 책 읽고 공부하고 뒹굴다 보니 자연스럽게 그 습관이 고등학생 때까지 이어졌고, 시험 기간에도 엄마가 곁에 있는 것이 안정이 된다며 잠을 자더라도 자기 옆에 있어 달라 했다고 한다.

나 또한 같은 공간에서 함께 책을 읽고픈 마음이 컸고 오래된 아파트라 안방을 제외하고는 방이 좁아서 자연스레 거실이 아이와 나의 공부방이 되었다. 책을 읽고 대화를 하고, 암송 예배를 드리고 나눔을 하고, 프로젝트를 끝낸 후 발표를 하고, 악기 연주나 공 던지기, 그림 그리기, 만들기, 보드게임, 아날로그 게임 등을 하고 간식을 먹고……. 이 모든 것이 거실에서 이루어진다.

요즘은 손안에 TV들이 있어 채널 쟁탈전조차 이루어지지 않고 각자의 방에서 각자의 채널 속에 빠져 있다. 이 얼마나 삭막하고 우려스러운 일인지……

정신적인 독립은 적극적으로 열어 주되 서로로 인해 살아갈 힘을 얻을 수 있도록, 대학이나 취업, 결혼을 이유로 독립하기 전, 그 길지 않은 시간을 사랑하는 아이와 함께 많은 추억을 쌓아 가도록, TV를 내몰고 둘러앉을 공간을 마련하자.

IV

초등 시기의 학업

배경

　초등학교 교과 지식은 내용이 크게 까다롭지 않고 양도 많지 않아서 대부분의 아이들이 잘 따라간다. 부모가 이끌면 이끄는 대로 잘 따라오기에 '조금만, 조금만 더' 하면서 부모는 될 수 있는 한 '양껏' 밀어붙인다. 그 사이 아이들은 공부 기계가 되어 가고, 즐거워서 하는 게 아니라 해야 하니까 하는 '재미없는 공부'가 되어 버린다.

　학업으로 인한 부모와의 마찰이 어쩌면 최초로, '크게' 일어나는 시기가 중학교 2학년 때가 아닌가 한다. 자유학년제를 마치고 성적표를 처음으로 받아 든 부모는 충격에 빠지고, 이런 부모의 상심까지 얹어서 아이의 자존감은 바닥으로 떨어지기 시작한다. 중학교 3학년이 되면 상위 60~70%의 학생이 인문계 고등학교에 진학하는데, 고등학교 1학년 3월 전국연합학력평가를 치르면서 성적에 대한 위기를 맛보고 1학기 중간·기말고사를 겪으면서 크나큰 충격에 휩싸인다. 중학교 때 받아 보지 못한 낮은 점수로 인해 자퇴나 전학을 고민하는 학생도 생겨나고, 마음이 회복되는 데 긴 시간이 걸리거나 아예 회복되지 못하고 고등학교를 졸업하는 아이도 생겨난다. 그런가 하면 중학교 때는 상위권에 들지 못했던 학생이 고등학교에 와서 반전을 보이는 경우도 있다. 그동안 책을 많이 읽어 두었고 수학을 잘하는 친구가 특히 그러하다. 학급 반장, 동아리 부장, 봉사 시간 등이 내신 성적에 영향을 주는 중학교 내신 산출 방식과 달리 고등학교는 오로지 성적, 그것도 주요 과목 성적이 큰 비중을 차지하기 때문이다. 그래서 자기주도학습이 잘되어 있는 학생이 고등학교에서 특히 높은 성적을 얻는다.

아침 일찍 어깨가 빠질 듯한 무거운 가방을 메고 등교하는 학생들을 보면, 특히 중간·기말고사를 앞두고 있을 때는 마음 한편이 아린다. 한창 해맑게 웃으며 생활해야 할 십 대들의 표정이 이렇게 어두워서야 될 일이냐고 어디다 대고 소리라도 지르고 싶다. 주말 잘 보냈냐고 물으면 대부분의 아이들은 평일 학교 수업으로 못 간 학원에서 온종일 지내다 왔다며 잘 보내고 뭐고 없다고 한다. 실제로 한 친구는 편의점에서 삼각김밥이나 빵, 컵라면으로 점심을 때우며 학원 이곳저곳을 전전하는데 그 생활이 이미 너무 익숙해서 좋고 싫은지, 옳고 그른지조차 생각해 보지 않았다고 한다.

우리나라는 일류 대학, 일류 학과(대체로 의대 혹은 법대) 진학을 최고로 여기며, 이를 위해 아주 어린 시기부터 학업을 시작한다. 초등학교 3학년 학생이 새벽 과외를 받고 도서관을 거점으로 삼아 여러 학원을 다닌다. 영어 유치원의 인기는 말할 것도 없고 어린이집 때부터 영어 학원을 다닌다.

나는 이러한 교육이 아무래도 마음에 맞지 않는다. 어릴 때는 뭣 모르고 부모가 하라는 대로 공부를 하지만 점점 나이가 들면서 이유와 의미를 생각하게 되는 아이들은 원치 않는 공부에 너무 많은 시간과 에너지를 소모하게 되니 억울해진다. 효율성에 있어서도 그렇다. 단순 가성비 차원이 아니더라도, 자신이 필요를 느끼고 원해서 하게 되는 공부가 가장 효율적이지, 억지로 시켜서 하는 공부는 쉽게 흥미를 잃어버리게 된다. 흥미가 없으니 좋은 성적을 얻기가 어렵고 이로 인해 부모와의 관계도 나빠진다. 어린 나이부터 부모의 성화에 떠밀려 온 고등학생들 중 무엇을 위해, 무엇을 향해 달리는지 모르겠다고 하소연하며, 부모의 기대에 부응하지 못한 자괴감과, 성적으로 자신의 가치가 규정되는 것에 대한 분노가 뒤섞여 부모 혹은 세상과 담을 쌓고 지내는 아이들이 생각보다 많다.

OECD 국가 중 우리나라가 눈에 띄게 자살률[7]이 높고 행복지수[8]가 낮은데 이는 타인의 평가에 민감한 풍토 속에서 수많은 학생들이 성적 때문에 불안해하고 예민해져 있는 것과 무관하지 않을 것이다.

이런 아이들을 꽤 오랫동안 봐 왔기 때문에 나는 한글을 떼는 것도, 영어 학원에 보내는 것도 아이의 필요와 욕구를 살펴서 했다. 신앙과 독서, 예체능 교육이 지식 교육에 우선한다고 여기는 만큼—이 부분에서는 여느 부모님과 생각이 다를 수 있어 조심스럽지만— 조기 교육이나 지나친 사교육으로 '정작 힘을 내야 할 때 그 힘을 발휘하지 못하는 우를 범하지 않기 위해' 간단하게 이야기를 해 보고자 한다. 어린 시절, 각 과목에 대한 대비를 어떻게 하면 좋을까?

---

[7] 통계청의 『2023년 사망원인 통계 결과』를 보면 10~19세 자살률이 인구 10만 명당 7.9명으로 1983년 집계 이후 가장 높은 수치를 기록했다. 10대 청소년의 자살률은 2009년에 6.5명으로 정점을 찍고 잠시 내려가는 듯했지만 2017년 이후 6년 연속 증가세를 보이고 있으며(2021년에는 처음으로 7.0명대를 넘었다) 10대 청소년 중에서는 여성이 자살을 생각하거나 시도하는 비율이 높은 경향을 보였다.

[8] '유엔 지속가능발전해법네트워크(UN Sustainable Development Solutions Network, SDSN)'가 2024년 3월 20일 발표한 『2024 세계행복보고서』를 보면 143개국 중 1위는 핀란드(7년 연속 1위), 한국은 52위이며, OECD 38개국 중에서는 33위를 차지했다.

2

방향과 실제

(1) 국어

앞서 '한글 떼기'는 아이가 궁금해할 때를 대비해서 적절한 문제집을 구비해 두고 기다렸다가 한두 글자씩 궁금해하면 꺼내 알려 줬다고 했다.

책을 좋아하고 독서를 즐기는 아이로만 성장한다면 국어는 크게 걱정할 것이 없다고 여겼다. 신앙을 위해 성경을 가장 먼저, 가장 많이 읽어 줬으며 이것이 자연스레 많은 독서로 이어졌다.

어릴 때부터 많은 대화를 시도하고 항상 책을 읽어 주고 TV 없이 함께 책 읽는 분위기를 조성한 것이 주요했다고 생각한다. 홈스쿨 때는 도서관이나 서점에서 많은 시간 책을 읽으며 놀았고 '독해력'이나 '논술' 문제집 중 하나를 풀게 하면서 독해 능력과 문제 풀이 실력을 살피기도 했다. 5학년이 되어 가는 지금은 수능 유형에 맞게 문학, 비문학 문제집을 풀고 있으며 신문 기사를 통한 논술, 서술형 쓰기 등의 문제집을 서점에서 발견하고는 4가지 책을 하루씩 돌아가면서 풀고 있다. 국어 교과와 관련이 있는 도서로는 앞서 말한 세계 인문 고전 명작, 초등학생이 읽어야 할 소설/시 등을 읽고 있다. ―독서가 국어에서 가장 핵심이고 위(대단원 Ⅲ. 독서하는 아이)에서 길게 서술했기에 '국어' 공부 방법은 그 부분을 참고해 하나하나 실행해 보기를 권한다.

추상적이거나 난해한 문학 작품, 어려운 어휘, 복잡한 문장이 있을 수 있고 그에 따라 국어 공부에 위계가 생기기도 하지만 사실 그것들을 제외하면 어떤 내용을 다뤄도 무방하다. 그래서 나는 교육과정이나 교과서의 위계를 굳이 따르지 않고 아이가 소화할 수 있고 '선악과 책'이 아니라면 읽도록 둔다. 마찬가지로 문법 공부에도 크게 위계가 있다고 생각하지 않아 가령 "엄마, '구콰'를 왜 '국화'라고 써?"라고 물어오면 'ㄱ'이 'ㅎ'을 만나 'ㅋ'으로 발음되는 것도 알려주고 맞춤법이나 띄어쓰기에 대해 궁금해하면 관련 예를 들어 알려준다. 부모가 국어 교과에 관한 지식이 없어도 함께 찾아보면서 탐구해 나가면 된다. 과학, 사회 관련 의문도 아이랑 책을 찾아보면서 알아 가듯…….

학습지도는 '티칭(Teaching)'이 아니라 '코칭(Coaching)'이다. 더불어 '주입'이 아니라 '탐구'다. 문법과 같은 딱딱한 지식도 재미있게 접근하면 공부가 아닌 놀이로 여기며 쉽게 습득할 수 있다.

(2) 수학

모든 과목을 '흥미를 바탕으로 즐겁게' 공부했으면 좋겠지만, 무엇보다 즐거움이 절실히 요구되는 과목은 수학이 아닐까 한다. '대입의 핵심은 수학'이라고들 하는데 오랫동안 입시를 눈앞에서 지켜본 결과 인정할 수밖에 없는 말이다. 참으로 많은 학생이 수학에 힘을 쏟고 있고, 안타깝게도 수학 때문에 많이들 좌절하고 괴로워한다.

나 또한 아이가 고등학교 3학년 때까지 수학을 즐겁게 학습하도록 돕고 싶어서 초등 저학년 때는 습관 잡기에만 신경을 쓰고 학습지나 학원 등의 사교육을 시키지 않고 있다. 오랫동안 힘겹게 달려야 하는 과목이니만큼 흥미가 무엇보다 중요하기 때문이다. ―물론 수학적인 능력이 부족해 잘 따라오지 못하는 것 같으면 뒤처지지 않게 방법을 마련해서 도와주어야 한다. 어릴 때부터 뒤처져 버리면 얼마 지나지 않아 포기하고 말기 때문이다.―

수학을 자연스럽게 좋아할 수 있도록 어릴 때는 보드게임이나 각종 교구를 활용해서 놀이처럼 접하게 하고 수학 관련 도서를 즐겁게 읽을 수 있도록 한다. '실뜨기, 칠교, 구슬퍼즐, 큐브 등'의 교구를 가지고 놀면서 도형을 익히고 '줄자, 저울 등'으로 생활 속 간단한 것들을 측정해 본다. 수학 관련 보드게임으로는 '셈셈수놀이, 할리갈리, 루미큐브, 우봉고, 블로커스, 세트, 쉐어로, 로보77 등'이 있으며, '오목이나 바둑, 체스 등'도 크게는 여기에 포함될 수 있다. 한두 자릿수 암산을 빨리할 수 있어야 진정한 연산 실력자라는 말이 있는데 이러한 보드게임은 암산을 즐겁게 할 수 있는 유용한 도구들이다. 보드게임을 처음 받아 들고 가족 모두가 흥분과 기대로 들떠 있을 때 아이가 먼저 설명서를 읽고 게임 규칙을 알려 주도록 하면 아이의 문해력도 높이고 설명 과정에서 자신감도 얻을 수 있다.

수학에서도 독서의 중요성은 부각된다. 많은 수학 전문가는 '개념 이해만 해도 심화 문제를 잘 푸는 아이가 있는가 하면 심화 문제까지 풀었어도 개념도 모르는 아이가 있다'며 '문해력이 수학의 시작이자 끝'이라고 한다. 심지어 꾸준히 언어 능력을 만들어 온 아이라면 따로 학원을 다닐 필요가 없다고까지 말하기도 한다.

수학 선행학습과 심화학습은 끊이지 않는 화두다. 전교권에 있는 학생들의 대부분은 학원에서 선행을 했기에 그렇지 않은 학생은 따라가기가 힘들다고도 한다. 한편 선행을 해 버리면 학교 수업에 흥미를 잃게 되니 금해야 한다고도 한다. ―아이의 담임 선생님은 선행을 엄격히 금하고 계신다.― 나는 학원 선행의 한계를 이야기하는 류○재 선생님의 의견[9]에 크게 동의하며, 선행보다는 심화에 무게를 둔다. 심화가 되어 있지 않은 선행은 모래 위의 집과 같아서 결국은 무너지고 만다는 것, 수학의 핵심은 '어려운'이 아니라 '스스

---

9) 류승재, 『수학 잘하는 아이는 이렇게 공부합니다』, 블루무스 (2022)

로'라는 것에 크게 동의한다. 초등학교 선행은 한 학기, 빠르면 한 학년 정도면 충분하며 어차피 나선형 교육과정이니 탄력이 붙어 조금씩 당겨지면 서서히 빨라질 것이다. ─주위 몇몇 수학 선생님들의 반응은 또 조금 다르다. 우리나라의 교육 현실을 보면 이해가 되기는 한다.─

고등학교에 가면 양이 많고 개념도 어려우며 적용이 쉽지 않다. 여기에 시험 문제까지 어렵게 출제되니 학생들은 너무 버겁다. 모두가 힘들어하지만 어릴 때 수학을 좋아한 경험이 있는 학생은 끝까지 놓지 않으려 애쓴다. 따라서 초등학교 때는 양을 줄이고 한 문제를 20~30분 풀더라도 고민하고 성취하는 경험을 자주 갖도록 하는 것이 옳다. 교재를 최소화(기본+심화)하고 너무 많은 선행은 지양하며 심화 혹은 사고력에 주력한다. 심화는 한 학기 교재를 일 년 동안 느긋하게 풀고, 그다음 단계 심화는 굳이 풀지 않고 넘어가도 되니 여유를 가지자. 자칫 잘못하면 어려운 문제들이 압박해 올 수 있으니……. 문제를 '다' 푸는 것보다는 '생각하며' 푸는 것이 중요하다.

더불어 절대 놓쳐서는 안 되는 것! 학원 선생님들이 가르쳐 주시는 것들, 선생님과 함께 풀이한 문제는 자신의 것이 아니니 수업 시간의 두 배 이상을 반드시 '혼자 복습하고 자신의 것으로 내면화'하는 데 할애해야 한다. 학교와 학원에서의 빡빡한 수업들로 지쳤으니 집에서는 쉬어야 한다며 가방을 던져두고 스마트폰을 보며 쉬다가(?) 다음 날 아침 그대로 등교하는 일이 반복되니 시간도 돈도 에너지도 그저 낭비되는 비극이 발생하는 것이다.

(3) 영어

영어는 다른 과목보다 고민이 깊었기에, 또 놀라운 역사를 경험했기에 할 말이 많다.

수학은 '교구나 보드게임, 독서를 통해 흥미를 높이고 문제집을 풀리면 되겠다' 싶었고 국어, 사회, 과학은 '뭐니 뭐니 해도 독서를 통해 재미있게 접근하는 것이 우선이다'라는 구상이 가능했는데, 영어는 발음도 중요하고 실제 상황에서 바로바로 튀어나오게끔 훈련이 되어야 하기에 외부의 도움을 받아야 하지 않을까 고민이 깊었다. 그렇다고 한국어도 제대로 구사하지 못하는 영·유아기 때부터 알아듣지도 못하는 영어 DVD를 마냥 틀어 두고 싶지는 않았다. 못 알아들어도 틀어만 놓으면 (일명 '노출') 귀가 트인다는 말이 나는 아무래도 와닿지 않았고 더군다나 귀를 트이게 한다는 명목으로 영상을 보게 하는 것은 더욱 싫었다.

그리고, 독서와 마찬가지로 '콘텐츠의 중요성'을 늘 인지하고 있었다. 『백설 공주』를 들려주면 '마녀, 음해, 미수' 등의 해악을 알게 모르게 경험하게 될 것이고 '신비주의, 마법, 세속적인 것'들이 은연중에 아이의 영혼을 잠식하게 될 테니 말이다. 따라서 영어 교육의 가장 좋은 콘텐츠는 '성경'이라고 늘 생각해 왔다. 그러던 어느 날 홈스쿨을 하시는 어떤 사모님을 통해 젭스(Jebs)를 만나게 되었다. '천지창조, 선악과, 죄, 가인과 아벨……' 이런 식으로 성경을 스토리로 엮어 영어 암송을 하는 콘텐츠인데 뜻을 같이하는 몇몇 가정과 함께 이 콘텐츠를 바탕으로 영어 교육을 시작했다. 음원의 문장을 입으로 따라 하고 손으로 그림을 가리키는 식으로 뜻과 말을 자연스레 연결하면서 익히는 방식인데, 영어를 전혀 알지 못하는 아이에게 "'God'은 하나님이고 'Made'는 만들다야. 'Everything'은 모든 것, 자, 그러니까 'God made everything'은 '하나님이 모든 것을 만드셨어요'라는 뜻이야." 하면서 가르치는 건 아무래도 힘이 들었다. 물론 손가락으로 각 단어에 해당하는 그림들을 가리키면서 말하다 보면 발음과 단어를 자연스레 연결시키며 학습이 되겠지만, 계속 그런 식으로 진도를 나가면서 아이의 흥미를 유지시키는 건 여간 어려운 일이 아니었다. 여러 명의 아이들이 함께 모여서 즐겁게 익히면 가능할 것 같았지만 그때는 하필 코로나-19 상황이어서 모이기도 쉽지 않았다. 그래서 주입식이 아니라 스스로 단어를 읽을 수 있게 하고자 '파닉스(Phonics, 단어의 소리와 발음을 배우는 교수법)' 문제집을 사서 한글 자모를 가르쳐 주듯 발음을 알려 주었다.

파닉스가 끝날 즈음 하나님께 학원엘 갈지 묻는 기도를 드렸지만 나의 조급함과는 달리 '그걸로 됐다'는 마음만 계속 주셨다. 영어 도서관을 포함해 학원 두어 군데에 가 보았지만 파닉스를 이제 막 끝낸 데다가 성격상 모르는 사람이 진행하는 테스트에는 입도 떼지 않으려는 아이에게는 학원이 큰 거부감으로 다가왔다. 고민에 고민을 거듭하며 기도하던 어느 새벽, 갑자기 '영어를 사용하는 나라에서 단기간 생활하며 언어의 필요성을 느끼게 해 주라'는 마음을 주셨다. 신혼여행 이후 해외여행을 한 번도 간 적이 없었기에 타국 단기 살이가 내 마음에 품었던 소원일 리는 만무했다. 정말 뜬금없는 생각이었지만 그날 아침, 남편에게 "영어를 사용하는 나라에서 한 달 살이를 하면 좋겠어요"라고 말하고는 출근을 했다. 영어 선생님들께 이 마음을 이야기했더니 입을 모아 말레이시아 쿠알라룸푸르를 권하신다. 영어를 사용하고 세미(Semi—) 이슬람이라 너무 향락적이지도 않고 치안도 잘되어 있고 물가도 우리나라의 절반 수준이라……. —선생님들이 경험하실 때보다는 물가가 올라 2/3 수준이긴 했으나 마음 편하게 여행을 할 수 있어 확실히 좋았다.— 학교 일정과 비행기표, 경비 등의 이유로 이듬해 1월, 한 달은 아니고 딱 두 주 동안 말레이시아에서 머물렀다. 자녀의 영어 실력을 위해 한두 달 이 나라에 와 살면서 한국보다 저렴한 가격으로 국제 학교 영어 캠프에 많이들 보낸다지만, 우리는 애초에 그런 프로그램에는 관심이 없었고, 그저 이곳저곳 돌아다니며 생존을 위해 짧은 영어를 마구 구사하면서 영어의 필요성을 깨닫고 다양한 언어에 흥미를 느끼며 견문을 넓히는 것에 목적이 있었다. 그 나라 문화에 특별히 관심이 있었던 것도 아니었기에 그저 가까운 야시장, 음식점, 쇼핑몰, 마트, 박물관, 동물원에 들렀고 반딧불이, 원숭이 먹이 주기, 사원 등을 체험했다. 더운 나라를 다니다 보니 음료 보충이 필요했는데 여행 마지막 날 쇼핑몰에서 Take-out 할 카페를 찾아 헤매던 중 "그냥 물어보면 되지, 뭘 그리 고민해" 하며 보안 요원에게 길을 물어보는 아이를 보며 '목표를 이루었구나' 싶어 참으로 감사했다.

아이가 야시장 철사 공예 장인을 통해 친구들의 영어 이름을 키링으로 만들어 선물했는데, 그중 한 친구의 어머니를 만나 키링의 이유와 여행의 목적을 설명했더니 집 근처 학원을 소개해 주신다. 20여 년 경영을 해 오셨으며 원장 사모님이 원어민 교사이시고, 학습을 위한 수업보다는 말하고 듣는 수업을 지향하며, 영어 사용만 허용되어서 한글을 사용하려면 'May I speak Korean?' 물어보고 'Okay!' 허락받아야 한단다. 내가 말레이시아를 여행한 목적이 이것 아닌가! 상담차 방문해 보니 '한글 띄어쓰기가 전제되어야 영어도 제대로 배울 수 있다'며 한글 받아쓰기 테스트를 먼저 하고, 학부모에게 잘 보이고자 애쓰는 여느 학원과는 달리 부모인 나보다 아이에게 시선을 맞추고 아이의 눈높이로 공간을 소개해 주신다. 게

다가 수업 시간만큼의 시간을 들여 듣기, 말하기, 단어 및 문장 암기, 어순 배열 등의 온라인 과제를 하고 그날 사용한 노트를 부모에게 보이고 간단한 테스트 후 사인을 받아 가야 하는 이중 체크가 있었다. 매일의 복습과 함께 그날 배운 것을 자기의 것으로 소화했는지 확인시키는 것이다. 내 가치관과 꼭 맞는 학원이어서 기뻤지만 아이의 마음이 중요했다. 학원을 나오자마자 아이가 먼저 "엄마, 어때?" 하더니 자기는 마음에 든다고 한다. 이전에 가 보았던 두어 군데의 학원에 대해서는 거부감이 심했는데, 아이가 좋다니 기뻤고, 그렇게 4학년 3월에 시작한 영어 학원. 배움이 일어나고 있음이 보여 참으로 감사하다.

부모가 강제로 시켜 일찍부터 학원을 다닌 아이의 부모 중 많은 이들이 '벌써부터 아이가 공부에 흥미를 잃고 학원엘 가기 싫어한다'며 속상해하신다. 반면 이제 시작한 이 아이는 유일한 학원이며 자신이 선택한 곳이니 매주 네 번, 즐겁게 오가고 있으며 성취도도 꽤 높다. 몇 달 전 한 문장도 스스로 만들어 내지 못하던 때를 생각하면 '일취월장(日就月將)'이며 '비약(飛躍)'이다.

초등학교 3학년이면 교육과정에도 영어가 들어오는데 3학년이 다 끝나갈 때까지도 '지금 이대로 괜찮다'며 내 조급함과는 다르게 아무것도 하지 않도록 하신 하나님께서 이렇게 기가 막히게 일하시다니……. 아이도 부모도 지치지 않을 이러한 교육관을 갖게 하시고 이렇게 학원 하나까지도 만지시는 하나님이 내 하나님이시니 앞으로의 다른 학습, 심지어 학교 선택조차도 크게 염려되지 않는다. 근심을 가득 안고 시작한 기도 끝에는 '하나님 아이니까 하나님이 알아서 하세요'라는 고백과 함께 마음 가득 평안이 채워지는 이유가 여기에 있다.

(4) 사회, 과학

국어만큼이나 독서로 가능한 게 사회, 과학이 아닌가 한다. 물론 스토리와 감동, 재미가 있는 문학 독서보다는 재미가 없거나 양적으로 부담스럽게 여겨질 수 있다. 따라서 사회, 과학 독서는 많은 양을 다 쳐 내야 한다는 부담감에서 벗어나도록 반드시 '주제 탐구형 독서'를 하고 '발췌독'을 해야 한다. 앞의 'Ⅲ. 독서' 파트에서 이야기했듯이 여기엔 부모의 '질문'이 필수다. 아이 스스로 궁금한 것들을 찾는 것이 가장 좋고 상상력이 무궁무진한 때인 만큼 의문점을 생각하다 보면 어른들은 생각지도 못한 기상천외한 발상들을 쏟아 내기도 해서 창의력도 자라고 더욱 흥미 있게 지식을 습득할 수 있다는 장점이 있지만, 아이에 따라서는 그 분야에 대해 관심이 많지 않거나 깊은 질문을 생각해 내는 것이 어려울 수 있다. 따라서 부모가 함께 책을 읽거나 아이가 읽은 책에 관심을 보이면서 이야기를 나누고 궁금증을 제시해 호기심을 자극하는 것이 필요하다. ―부모가 내용을 익히 알고 테스트하듯 물음을 제시하는 것이 아니다.

주의해야 할 점은 문제를 해결하기 위해 미디어를 이용하는 것은 되도록 지양해야 한다는 것이다. 뒤에서 이야기하겠지만 각국의 수재들은 자식들의 교육을 미디어에 의존하지 않는다. 대신 책을 뒤져서 생각을 정리해 내고 실험을 통해 밝혀낸다.

아무래도 사회, 과학의 내용은 방대하고 세부 분야도 넓으니 전집을 구비해 두고 찾아 읽도록 하는 것이 좋다. 나는 서점을 방문하거나 인터넷 검색을 통해 내용을 꼼꼼하게 뜯어 본 후 신중하게 구매했다. 자주 가던 동네 서점에서 아이가 읽고 싶어 하는 전집을 구매하기도 하고, 교회 언니로부터 자녀들이 보던 깨끗한 전집을 물려 받기도 하고, 내용과 구성이 알차 베스트셀러로 이름이 나 있는 전집을 주문하기도 해서 사회, 과학 각각 서너 질 정도를 갖추었다. 부모가 읽던 단행본까지 이용해서 하나의 궁금증을 해결하기 위해 관련된 모든 책들을 펼쳐 두고 거기서 공통적으로 이야기하는 것들로 중요도를 평정해서 정리해 보면 그 재미도 쏠쏠하다.

3

유의점

(1) 공부의 목적

우리 가정의 상황상 계속 홈스쿨을 이어 갈 수 없어 교육기관을 찾긴 했지만, 우리 가치관과 너무 맞지 않는 학교였다면 이사를 감행해서라도 다른 방법을 찾았을 텐데, 마침 아이가 가게 될 초등학교는 '체·덕·지 교육' 즉, '체'를 으뜸으로 내세우는 '대한민국 맨발교육 1호학교'였으며 '우드윈드연합오케스트라'를 중점 사업으로 하는 예술 학교였다. 게다가 한 학년이 29명이 전부여서 한 개의 학급만 형성이 되어 있었고 몇 번의 상담으로 만나 본 담임 선생님이 참으로 따뜻하고 좋으셔서 감사한 마음으로 입학을 결정하게 되었다.

초등학교부터 고등학교까지 12년, 미취학 시절까지 합하면 13~15년을 우리는 '입시를 위해 달린'다. 인생 초반 20년이 공부로 점철되는 것이다. 하지만 아무리 현실이 그렇다 하더라도 우리는 공부의 목적을 그런 '입시' 정도에 국한해서는 안 된다. 입시는 수단이고 학업이나 공부는 목적인 것이다. 스스로 생각하고 깊이 있게 탐구해 보고, 문제를 그냥 지나치지 않고 고민하며 해결해 보고, 인내심을 가지고 꾹 참고 목표를 이뤄내 보고……. 그런 과정을 거쳐 자신도 성장하고 사회에도 기여할 수 있게 된다.

대학입시 제도 중 '학생부 전형'이라고 해서 학교에서의 생활(종합 전형)이나 성적의 추이(교과 전형)를 근거로 학생을 선발하는 제도가 있다. '하기 싫고 어려운 공부 혹은 학교에서의 갈등 상황 등을 인내하며 견뎌 낸 사람이 다른 무언가도 끝까지 잘 해낼 확률이 높다'고 보고 그런 학생을 선발하기 위한 전형인 것이다.

왜 공부를 해야 하는지 아이와 다양한 방법으로, 진지하게, 자주 소통해야 한다. 입시 정책이나 사회 구조에 분명 문제가 많지만, 그것 때문에 '어쩔 수 없이 하기 싫은데 한다'라고 생각하면 인생 초반의 십여 년이 너무 무가치하고 힘들어진다. 앞에서 말한 공부의 목적에 공감하고 스스로 필요를 느껴서 하는 공부가 되면 우리나라의 십 대도 즐거울 수 있다. 한창 밝아야 할 우리 아이들이 인생을 제대로 시작해 보기도 전에 패배감과 비교 의식, 낮은 자존감으로 찌들어 버리지 않게 부모가 어릴 때부터 적극적으로 소통해야 한다.

―학교 현장에서 아이들의 낮아진 자존감을 회복시키기 위해 다양한 프로그램이나 상담을 통해 애를 써 봐도 공부의 목적을 찾지 못하고 삶의 이유를 상실한 아이들에게는 어느 정도 한계가 있었음을 고백하지 않을 수 없다.

행복한 학업을 위해서는 아이의 성적이 부모의 기대에 미치지 못할 때에도 평정심을 갖고 격려하며 지지해 주어야 한다. 어떤 부분이 힘들고 어려운지 자주 이야기 나누고 힘껏 도와주고자 애쓴다면 성취 여부를 떠나 '우리 부모님은 언제나 내 편', '결과가 아니라 나의 존재 자체를 사랑해 주시는 분'으로 가슴 깊이 남는다. 반면 부모가 결과에 너무 일희일비하고 나무라면 아이들은 자신을 부모의 기대에 미치지 못하는 한심한 사람으로 평가절하해 자존감이 떨어지고 매사에 의욕이 없으며 학교생활에서도 힘을 내지 못하는 사람이 되어 버린다. '사랑해'라는 말을 '기대해'라는 말로 여겨 부모와의 그 어떤 자리도 피하고 싶어 하며 성인이 되어서도 애틋한 감정은 없고 형식적인 관계로 전락하고 마는 것이다.

아이가 인생을 살아가면서 힘든 일을 만날 때마다 돌아가 쉬고 싶은 '넓은 품', '비빌 언덕'이 될 기회는 어쩌면 이 학창 시절에 주어지는 것임을 잊지 말고, 오늘도 아이의 마음을 잘 살피기를 바란다.

(2) 학원 수강

중학교 2학년. 고등학생들만 가르치다 귀여운(?) 중학생, 그것도 북한이 무서워 못 내려온다는 중2를 가르치던 해, 한 심화반 학생이 눈이 풀려 있다. 몇 번을 그냥 지나치다가 '너 이래' 살짝 귀띔해 줬더니 화들짝 놀란다. 이듬해엔 우리 반이 되었다. ―우리 학교는 학생이 담임을 선택하는 제도. 나의 그 지적이 관심으로 여겨졌다고 한다.― 두뇌가 참 비상한 학생인데 부모와의 갈등이 매우 심했다. 똑똑한 아이이다 보니 부모의 포기가 쉽지 않았고 아이는 아이대로 목적 없이 달려야 하는 공부가 너무 싫어 열의를 잃어 있었다. 고등학교 때도 '터널' ―그 아이의 표현[워딩(Wording)]이다― 에서 벗어나질 못했고 결국은 아이의 명석함에 비해 낮은 학교에 진학했다.

한 친구는 중학교 3학년 때 전교 1등이었지만 고등학교에 와서는 전혀 노력을 기울이지 않았다. 그 아이가 쓴 글을 우연히 보게 되었는데 초등학교 4학년 때부터 강도 높은 공부를 해 와서 어느 순간부터 공부에 질려 버려서 손을 놓게 되었다고 한다.

많은 학생들이 초등학교 때부터 원치 않는 공부를, 생각보다 높은 강도로 받고 있다. 맞벌이 부부를 대신하는 보육 개념으로 학원을 보내기도 하지만 초등학교 고학년부터는 대체로 고득점을 위해서 학원을 보낸다. 그런데 '너무 일찍' 타율적으로 '많은 시간, 많은 양'의 공부를 하게 되면 쉽게 공부에 흥미를 잃고 정작 중요한 시기에 위의 예들처럼 무너져 버린다.

초등학교 때는 다양한 경험을 쌓고 여러 대회에 참가해 보고 학급 혹은 전교 활동을 통해 리더십을 기르며, 많은 책을 읽고 한자리에 일정 시간 앉아 공부하는 습관을 기르는 것이 더 중요하다.

덧붙이면, 운동의 진짜 효과는 몸이 아니라 뇌가 좋아지는 것이라고 한다. 운동으로 건강해진 아이는 해마의 크기가 일반 아동보다 12% 더 크고 스트레스를 건강하게 잘 해소하며 사회성도 더 발달한다[10]는 보고도 있다. 평생 취미로 삼을 수 있는 운동을 어릴 때부터 하게 되면 고학년이 되고 학업 스트레스가 쌓여 갈 때 힘든 마음을 현명하게 풀어낼 수도 있고 다른 친구들과 차별화된 자신만의 강점도 갖추게 되어 행복감이 높아진다. '경험의 다양성과 깊이, 예체능 활동의 성과를 통해 융합적 사고 능력을 평가한다'는 기준을 제시한 모 대학의 수시 전형까지 있을 정도로 요즘은 통합 역량을 중시하니, 어릴 때는 무리한 공부보다는 건강한 육체와 정서를 만들어 갈 수 있도록 돕자. 전문가들은 소통이 어려운 사춘기 청소년

---

10) 미국 피츠버그 대학교 심리학과 커크 에릭슨 박사와 연구진이 『미국화학아카데미 연구논문집(Proceedings of the National Academy of Sciences, PNAS)』에서 2011년 1월 31일 발표했다.

에게 '독서나 예술 감상 혹은 취미 활동이나 운동'만 할 수 있게 해 줘도 건강하게 자라날 수 있다고 말한다.

(3) 바람직한 방향

의대에 재학 중인 학생이 공부 방법에 대해 소개해 주는 『어머니, 의대생은 초등 6년을 이렇게 보냅니다』(임민찬)라는 책이 있다. 제목만 보고는 '또 아이들을 들들 볶으라는 이야기인가 보다' 했는데 오히려 정반대였다. 공부로 인해 부모와 갈등을 겪다가 결국 거부감을 이기지 못하고 공부를 놓아 버리는 경우가 주위에도 많았다며 그 이유에 대해 다음 세 가지를 들고 있다. 첫째, 아이의 의사와 상관없이 공부를 강요하는 것, 둘째, 모든 결정을 부모가 내려 버리는 것, 셋째, 여러 과목을 한꺼번에 시작하게 하는 것. 이를 방지하기 위해서는 부모가 옆에서 공부를 함께 하며 이끌어 줄 것과 작은 성취감을 자주 느낄 수 있도록 도울 것, 문제집이나 학원에 대한 정보는 부모가 주되 결정은 아이가 하게 할 것을 제시한다.[11]

해마다 우리 학교는 우수한 성적을 거두고 명문 대학에 입학하게 된 졸업생들의 '살아 있는 공부법'을 교우지에 싣는다. 이처럼 공부

---

11) 임민찬, 『어머니, 의대생은 초등 6년을 이렇게 보냅니다』, 카시오페아 (2024), 19~26쪽

법에 관한 자료는 널려 있다. 중요한 것은 아이가 스스로 공부의 필요성을 느껴 스스로 즐겁게 임할 수 있도록 돕는 것이다. 공부해야 하는 이유를 아이 스스로 납득하고 마음가짐을 새롭게 할 수 있도록 부모는 자신의 경험담이나 보고 들은 이야기를 수시로 들려주면서 아이의 힘듦에 공감하고 위로해 주는 등 정서적인 지원을 아끼지 않아야 한다. 그리고 '매일, 앉아서 30~40분씩 공부하는 습관, 책을 읽거나 책 넘기는 습관'이 몸에 밸 수 있게 곁에서 함께 하거나 무리가 되지 않는 선에서 과제를 내고 점검해 줘야 한다. 여러 문제집을 넘겨 가면서 점검하기 힘들면 플래너에 공부한 내용을 간단히 적게 하고 그걸 점검해 줘도 된다. 단순히 답을 채점해 주거나 공부 여부를 체크하는 데서 끝낼 것이 아니라, 오늘 하루 어땠고 무슨 일이 있었으며 어떤 것을 배웠는지 소통하는 것이 중요하다. 아이가 바빠져서 갈수록 그 시간조차도 줄어들 테지만 짧은 시간을 충만한 느낌으로 채워 주기 위해 마음을 쏟아야 한다.

한편, 여러 가지 이유로 아이를 크리스천 대안학교에 보낸다고 하면 "그럼 명문대는 포기해야죠"라는 말들을 한다. 정말 믿음을 좇아가면 성적은 후순위로 밀려나야만 하는 것일까? 이 세상의 통치자이시며 주권자이신 하나님께서 당신의 뜻 안에서 믿음을 지키며 공부하고자 애쓰는 귀한 자녀들을, 그들의 지식과 지혜를, 진로와

입시를 나 몰라라 하실까?

『내려놓음』의 저자 이용규 목사님의 사모님께서 열심히 사역을 감당하시느라 공부를 할 겨를이 없어 로마서만 겨우 공부하고 시험을 치렀는데, 놀랍게도 로마서 내용만 시험에 나왔다고 한다. 나 또한 비슷한 경험이 있다. 모 학교에서 기간제 교사로 있을 때, 임용 시험이 코앞인데 할 일이 산더미여서 많은 선생님께서 걱정을 하셨다. 하지만 내 마음 깊은 곳에서는 '시험을 잘 치르기 위해 공부를 열심히 해야 하는 것도 맞지만 지금 내게 맡기신 이 아이들을 위해 최선을 다하는 것도 하나님이 기뻐하시는 일일 거야. 아이들을 가르치는 일을 소홀히 하면서 시험에서 좋은 성적을 받고 좋은 교사가 되겠다고 하는 것은 하나님 뜻에 맞지 않는 일이 아닐까? 아이들을 내게 맡기시고 사명을 주신 하나님께서 모든 것을 책임지실 거야.'라는 믿음이 있었다. 물론 믿음만 있고 공부를 안 한 건 아니었고(^^). 그해 임용 시험에 학교 현장에서 수업했던 내용들이 상당수 출제되어 거뜬히 합격할 수 있었다.

하나님을 최우선 순위로 두고 진정으로 예배하고 기도하는 가운데 열심을 다해 공부하면, 세상을 창조하시고 다스리시는 하나님께서 이 아이들에게 솔로몬과 같은 '지혜'를 주시고 다니엘처럼 '세상이 두려워하고 인정하는 일꾼'이 되게 하실 것이다.

26 내가 이제 조서를 내리노라 내 나라 관할 아래에 있는 사람들은 다 **다니엘의 하나님 앞에서 떨며 두려워할지니** 그는 살아 계시는 하나님이시요 영원히 변하지 않으실 이시며 그의 나라는 멸망하지 아니할 것이요 그의 권세는 무궁할 것이며

27 그는 구원도 하시며 건져내기도 하시며 하늘에서든지 땅에서든지 이적과 기사를 행하시는 이로서 다니엘을 구원하여 사자의 입에서 벗어나게 하셨음이라 하였더라 (다니엘 6:26~27)

V

부모 및 주변 사람들과의 관계

아이는 변한다

　육아. 모든 게 처음이라 입고 먹고 자는 것, 놀아 주는 것, 성격, 관계, 교육 등 참으로 많은 분야에 대해 아는 게 없었다. 지나고 보면 순간이요 별것 아닌 듯해도 문제에 직면한 당시는 작은 것 하나도 큰 고민거리다. 그래서 책이나 인터넷 등 다양한 매체를 찾고 주위 사람들에게 지혜를 구했다. 그중에서도 가장 오랫동안 우려하고 찾아 헤맸던 건 다름 아닌 '성격'과 관련한 것이었다. ○○이는 일찍 태어나 덩치가 크지 않아서인지 아니면 타고난 기질 때문인지 쇼핑센터 한편에 마련된 놀이방에서 미끄럼틀이라도 탈라치면 갑자기 들이닥치는 덩치 큰 아이들에 치여 순번이 하염없이 뒤로 밀리곤 했다. 어린이집 체육 시간에도 주어진 과업을 성큼 수행해 내기보다는 하기 싫다며 물러났다가 다른 친구들이 하는 걸 몇 번 보고 난 뒤에야 들어와 시도했다. 잘 모르는 내용이라도 손부터 들고 보는 친구들도 있는데 이 아이는 분명히 다 알고 있는 내용인데도 아는 체하지 않고, 대답 소리도 인사 목소리도 귀를 가까이 대고 들어도 잘 안 들릴 만큼 작았다. 집에서는 엄청난 수다쟁이라 엄마 잠을 안 재울 만큼 재잘거리는데 말이다.

어린이집에서든 교회에서든 과제 수행력과 관찰력이 뛰어나고 성실하다며 칭찬 일색이었기에 나의 이러한 고민은 '시간이 지나면 해결될 문제'라며 큰 공감을 얻지 못했다. 반신반의, 감사와 걱정으로 혼란스럽던 때, 어린이집 7세반 선생님이 처음으로 '갈등 상황을 회피'하는 아이의 성격에 대해 우려를 표하시며 학교 들어가기 전에 '난 A가 싫고 B를 하고 싶어'라고 자신의 의사를 표현하는 연습을 많이 시키라고 하셨다. 하지만 아이의 성격은 쉽게 고쳐지지 않았고 2학년 '나 홀로 입학'을 앞둔 부모의 마음은 천근만근이었다.

'아이는 천만 번도 넘게 바뀐다'는 말을 많이 들었고 실제로 이 아이도 여러 번 변화를 경험했지만, 성격적인 면에서는 갈 길이 요원(遙遠)해 보였다. 하지만, 결국, 성격도 변했다. 어쩌면 내재되어 있던 기질이 더디게 발현된 것인지도 몰랐다.

"엄마, 내가 우리 라인에서 제일 친한 사람이 누군지 알아? 13층 할아버지, 12층 할머니야."라던 아이. 한번은 엘리베이터에서 만난 13층 할아버지께서 아이에게 "너 나 알지?" 하며 한껏 웃으신다. 후에 물어보니 언젠가 아이가 "할아버지, 저 아시죠?"라고 해서 할아버지를 웃으시게 한 적이 있는데, 오늘은 할아버지께서 그날의 대화를 떠올리고 패러디하신 거란다.

4학년 1학기 땐 학급 선거에 출마하겠다고 해서 얼마나 놀랐는지 모른다. 폭풍 칭찬과 격려를 해 줬지만 내심 '기껏 용기를 냈는데 떨어져서 상처를 받으면 어쩌지?' 염려가 많이 되었다. 아이가 낙담하지 않게 해 달라고 내내 기도했는데 웬걸, 반장이 되어 돌아왔다. 5학년을 앞둔 1월, 이번에는 전교여부회장에 출마를 하겠다고 혼자 포스터와 피켓을 만들고 친구들과 함께 유세를 하더니 덜컥 전교여부회장이 되어 왔다.

교회에서도 친구들 사이에서는 누구보다도 수다스럽고, 놀이 중에 갈등이 생겨도 자기들끼리 회의하고 타협해서 잘 해결해 간다.

자랑하고 싶은 마음은 전혀 없다. 단지 하나님께서 하시는 일이 감격스러울 뿐이다. '인간의 짧은 생각과 경험으로 어떤 문제에 대해서 염려하고 해결을 위해 안간힘을 쓰는 것들이 하나님 앞에는 참 무색할 수 있겠다' 싶다.

한편, 아직도 애매하게 아는 사람이나 자주 만나지 않는 친척들 앞에서는 여전히 자기 목소리를 내지 않는다. 내가 더 답답하고 민망해서 나무라면 '하고 싶은데 안 돼서 스스로도 속상하다'고 하니 더 이상 입을 대기도 힘들다. 하지만 '이 또한 하나님이 하시겠지' 기대하며 예전보다 더 푸근히 마음을 놓고 기도하며 기다린다.

관계의 중요성

'대한민국 0.1%의 비밀'이라는 EBS 프로그램[12]이 방영된 적이 있었다. 전국의 고등학교 2학년 중 석차가 상위 0.1%인 학생들을 모아 다양한 실험을 진행하고 그들이 높은 성적을 거두는 이유에 대해 연구한 것이 주된 내용이다.

그중 눈에 띄는 것이 있었는데 바로 '부모와의 대화 분위기'였다. '온라인 게임'이라는 주제로 두 모자가 각각 대화를 나누는데, 일반 학생 가정의 경우 평온하게 대화를 시작했지만 결국 부모와 학생 모두 짜증과 분노로 대화가 중단되어 버렸다. 하지만 실험 대상인 0.1%의 학생과 그 부모는 감정을 다치지 않고 서로의 입장을 확인하며 합의점을 찾아갔고 둘의 표정은 대화 내내 밝았다. 가정의 대화 분위기가 아이의 정서에는 물론 성적에까지 영향을 미칠 수 있음을 증명한 관찰이었다.

『말씀 심는 엄마』의 저자인 백은실 사모님과 대화를 나눈 적이 있

---

12) 2010년 EBS 교육대기획 10부작 《학교란 무엇인가》 중 8번째 프로그램이다.

다. "사 남매의 사춘기도 혹시 말씀 암송으로 인해 잘 지나갔나요?" 라는 나의 물음에 암송보다는 '관계'가 주요했다고 알려 주셨다. 평상시에 관계가 잘 형성되어 있고 속 깊은 대화를 많이 하니 아이 혼자 가졌던 나쁜 마음들도 그냥 넘기지 않고 엄마에게 편지로 털어놓더라고…….

그렇다면 원만한 관계를 위해 부모는 어떠한 노력을 기울여야 할까? '아이와 부모와의 관계', 그리고 '아이와 주변 사람들과의 관계'로 나누어 생각해 보자.

부모와의 관계를 위한 노력

(1) 놀아 줌? No~ 놂!

아이가 태어나기 전 우리 집을 휘둘러보니 태어날 새 생명에게 전혀 어울리지 않아 보였다. '여기서 귀여운 아가가 살게 된다고? 장난감 하나 없는 이 집에?' 뭔가 무미건조하고 삭막한 느낌. 기대가 크지만 걱정도 없지 않았던 그때, 오감 자극을 위한 애벌레 인형과 코끼리 인형을 시작으로 장난감이 하나둘 생겨나고, 성경 동화책을 시작으로 유아용 책이 꽂히기 시작했다. 하지만 놀아 주는 건 별개의 일. 끝도 없는 '무한 반복 동작'을 해내기엔 내 나이가 그리 어리지 않았다. 인내심에 한계가 느껴질 무렵 "언니, 놀아 주는 게 아니고 같이 노는 거래요!"라는 말을 듣게 되었다.

'그래! 놀자, 나를 잊고!'

우리 집의 '대환장 파티'는 그때부터 시작되었다. 장난기가 심했던 내가 나이를 먹어 가고 청소년들의 심각한 문제 행동들을 교정해 가면서 조금씩 건조해져 가고 있었던 것. 육아를 위해 나이와 상황을 잊고 그냥 아이의 눈높이에서 놀다 보니, 웬걸 아이보다 내가 더 즐거웠다. 초등학교 때 친구 집에서 음악을 틀어 놓고 엉덩이를 씰룩씰룩 흔들며 내 마음대로 춤을 추면 동네 아주머니들이 "애가 참 신나게 잘도 추네" 하시며 두 줄로 죽~ 서서 나를 따라 하시곤 했고 그렇게 나는 한 시간 남짓 거뜬히 '춤 선생' 노릇을 했다. 그러던 내가 이젠 아이 앞에서 나를 잊고 춤을 춘다. 아이는 "엄마, 아빠가 나보다 더 장난꾸러기니 말해 뭐 해!" 하고, 아이 친구들도 우리를 '재밌는 혹은 신기한 가족'이라 부른다.

  지치지 않고 즐겁게 놀 수 있는 비결, 그러면서도 아이 친구들에게까지 마음을 얻을 수 있는 좋은 방법인 '나를 내려놓고 함께 놀기'를 적극 권해 본다. ―단, 아이와 부모가 격의 없이 속마음을 터놓고 지내는 건 좋지만 '친구 사이는 아님'을 주지시켜야 한다. 재미있게 놀다 보면 아이나 아이 친구들이 간혹 버릇없는 언행으로 어른을 자극하기도 하는데, 이때는 완곡하지만 강한 메시지로 '편안하고 좋은 관계일수록 예의를 갖추어야 함'을 일러 주어야 한다.

(2) 뭐든지 함께

　활시위를 벗어난 화살이 과녁을 향해 재빨리 날아가듯 우리네 삶도 정말 '쏜(화)살같이' 지나간다. 눈도 못 뜨고 손가락도 못 움직이던 아이가 어느덧 훌쩍 커서 엄마와 양말을 함께 신을 정도가 되어 있다. 효도하려고 보면 어느새 부모는 늙고 병들거나 안 계신다며 한탄하듯[풍수지탄(風樹之嘆)], 바쁜 일 좀 마무리하고 돌봐야지 하면 아이는 어느새 쑥 커 버려서 부모의 도움을 필요로 하지 않는다. 늦은 나이에 출산을 했기 때문이기도 하고, 바쁜 부모에게 원한을 가진 '마음이 힘든 청소년'을 여럿 봐서이기도 하고, 아무튼 나는 거의 모든 걸 아이와 함께 하려 애쓴다. 은행이나 시장 같은 곳은 말할 것도 없고 아이가 함께 해도 되는 모임이면 함께 참석했다. 밥솥에 김이 올라와도 개미가 줄을 지어 횡단해도 아이와 함께 보려고 둘러업거나 냅다 안고 달려가서 만지고 보게 했다.

　부모와 함께한 시간, 그 좋은 추억들이 아이를 건강하게 만든다. 일 년 365일 매일 붙어 있다고 좋은 추억이 쌓이는 것은 아니다. 각자의 일상으로 인해 바쁘게 살다가 저녁 늦게 만나더라도 '시간을 내어 의미 있는 일을 함께하는 것'이 중요하다. 손흥민의 아버지 손웅정 감독은 그의 저서 『모든 것은 기본에서 시작한다』에서 '돈을 많이 버는 아버지는 아니었지만 시간만큼은 원 없이 함께 보내는 아빠, 게임기는 못 사 줘도 시간은 함께 보내는 아빠'가 되고자 했다고 하지 않던가. 100주년기념교회를 은퇴하고 낙향해 계신 이재철 목사님 또한 둘째 승국이의 고등학교 시절, 영국의 한 학교에서 장학금을 주고 공부시켜 주겠다며 아이를 유학 보내라는 제의에 '아이가 부모와 함께 지내는 것이 명문 학교 유학보다 더 중요하다'며 마다하지 않으셨던가.

길지 않다. 함께 할 수 있는 시간이, 아이가 내 손을 필요로 할 날이……

(3) 충분한 대화

앞에서도 언급했듯 아이와 나는 재잘재잘 참 많은 이야기를 나눈다. 사실 꽤나 일중독인 나는 집에 와서도 일을 붙들고 있는 편이라서 같은 책상에 앉아서도 아이는 공부를, 나는 일을 하는 경우가 꽤 있다. 한번은 일에 너무 집중해 있는데 아이가 자꾸 말을 걸어와서 부드럽지만 영혼 없는 '응~', '정말?' '우와~'를 외쳤더니 눈치 빠른 아이가 "엄마, 내가 말이 좀 많지?" 한다. 너무나 미안한 마음에 아이를 안고 눈을 맞추며 진심으로 이야기했다.

"아~니, ○○아. 엄마는 네가 말 많은 게 너~~~~무 좋아. 그러니까 평생 그렇게 말 많이많이 해 줘."

'대화!'
얼마나 중요한지 모른다. 사춘기가 되어 가면서 아이의 말수가 점점 적어지고 가정은 냉랭한 분위기가 되어 간다. 부모는 그런 아이가 답답하고 이해가 되지 않지만 아이 또한 '엄마랑은 말이 안 통해서 그냥 입을 닫아요'라고 말한다. 사실 아이가 말을 하고 싶어 하지 않는 데는 부모의 책임도 있다. 그날 있었던 일을 이야기했는데 부모가 너무 크고 과하게 반응을 하거나 너무 별것 아닌 것처럼 받아들이면 아이는 점점 입을 닫는다. 또 부모가 이전에 설명해 준 일에 대해 아이가 다시 물어올 때 '이미 말했잖아', '그만 좀 물어'와 같이 타박을 주면 다음부터는 궁금한 게 있어도 묻지 않게 된다.
여자고등학교에서 근무할 때 한 고3 학생이 자퇴를 하고 싶은데 엄마랑은 말이 안 통한다며 고1 때 담임이었던 나를 찾아왔다. 자퇴를 하고 싶은 이유와 자퇴 후의 계획에 대해 소상히 적어 오라고 했더니 수업 시간에 공부도 안 하고 A4 용지에 거의 7포인트의 글씨로 빽빽하게 적어 왔다. 그걸 들고 엄마와 상담을 하면서 모녀지간에 깊은 골이 있음을 느꼈고 오랜 중재 끝에 결국 원만히 해결되어 아이는 무사히 졸업을 했다.

남자고등학교 1학년, 3월 말. 우리 반 반장이 상담을 요청해 왔다. 야간 자율학습 시간, 긴 대화 끝에 아이는 복도가 떠나가도록 '꺼이꺼이' 운다. 어머니와의 문제였는데 아이에게 양해를 구한 후 어머니께 전화로 아들의 마음을 전했다. 3년 동안 아이와 대화를 해 본 적이 없다는 어머니는 이제야 아이의 마음을 알게 되었다며 아들이 그랬던 것처럼 펑펑 우신다.

아이의 마음만 잘 전달해 줘도 부모와의 관계가 원만해지고 문제가 해결되는 경우가 많다. 초등교사 노조가 2024년 전국 초등학교 4~6학년 7,010명을 대상으로 조사한 결과에 따르면, 어린이가 생각하는 행복의 조건 1위는 '화목한 가족을 만드는 것'(29%)이었고, 응답자 2명 중 1명(53%)은 학교 수업이 끝난 뒤 '집으로 가고 싶다'고 답했다. 가족과 대화하는 시간은 하루 1~2시간(26%)인 응답자가 가장 많았고, 1시간 미만(21%)인 응답자가 뒤를 이었다.

부모도 아이도 너무 바쁘다. 그래서 서로 얼굴을 맞대고 대화할 시간이 없다. 하지만 '양보다 질' 전략으로, 잠시라도 짬을 내어서 서로의 삶 구석구석을 도란도란 나누어야 한다. 아이가 마음껏 말하게 두고 100%, 200% 공감한다는 눈빛을 쏘아 대며 온몸과 마음으로 들어 주는 것, 그것이 관계의 첫 단계이자 가장 중요한 일이다.

(4) 무조건적인 수용과 잦은 사랑 표현

너무 낙천적이다 싶은 '초(超)긍정이' 남학생이 있었다. 부모님이 상담차 학교엘 다녀가신 후 그 아이의 밝음에 대해 많은 선생님이 고개를 끄덕였다. 부모님이 매우 밝고 긍정적이고 온화했으며 무엇보다 아이에 대해 아량이 넓으셨던 것이다.

부모의 말투는 생각보다 중요하다. 비단 말투뿐이겠는가. 말의 어조와 성량, 속도, 분위기, 몸짓, 눈빛 등 대화의 모든 반·비언어적 영역이 중요하다. 어떠한 이야기도 용납될 수 있을 것 같은 편안한 분위기가 조성되어야 그 가정은 '믿고 쉴 아이의 그늘'이 되어 줄 수 있으며, 우리는 미성숙한 또래 문화에 자녀를 빼앗기지 않을 수 있다.

아이가 어릴 때는 존재 자체만으로도 부모가 행복감을 느끼기에 다른 무언가를 크게 요구하지 않지만 아이가 자라날수록 부모의 기대치가 높아진다. 일정 기준에 미치지 못한다고 판단되면 불안해하고 아이를 마땅찮아하며 억압하기도 한다. 아이는 아이대로 자신을 사랑스럽게 바라보던 주변 사람들의 눈빛이 '이제는 어서 무거운 과업을 이루어 보이라'는 부담스러운 눈빛으로 바뀌어 가는 것을 느끼고는 그 무게에 힘겨워한다. 모든 아이가 다 공부에 재능이 있는 것은 아니기에, 더 이상 어른들을 기쁘시게 할 자신이 없는 아이는 자꾸만 초라해지고 심한 경우, 살아갈 이유를 잃고 자신을 부정하기까지 한다. 부모에게 자기 생각을 말하는 아이는 그나마 건강한 편이지만 입을 닫고 대화를 회피하는 아이는 마음의 병이 생각보다 깊다.

과업을 만족스럽게 이행하지 못한다 하더라도 아이가 자신의 존재를 부정하는 일이 일어나지 않게, 부모는 항상 자녀의 수고를 인정해 주고 잘하고 있는 다른 것들에 대해 아낌없이 칭찬하고 격려해 줘야 한다. 아이를 비난하고 질책하는 것은 아이의 가슴에 지울 수 없는 상처를 남기는 일이기에 갈등 상황에서 화가 머리끝까지 치밀어 올랐을 때는 속에 있는 말을 바로 쏴 버리지 말고 3초간 주변의 다른 소리에 귀를 기울이거나 아예 자리를 피하는 것이 좋다.

자신이 아이에게 상냥하지 않아 걱정이라고 말하는 친구가 있었는데, 어느 날 들어 보니 정말 아이에게 톡톡 쏘고 있었다. 사리분별력이 뛰어나 모든 일에 척척인 엄마였지만, 너무 똑 부러지게 하는 언행이 아이의 입을 일찍 닫게 만들 수 있는 것이다.

'그것 봐. 엄마 말 들으라고 했지!'라는 식의, 아이의 실패를 부각하는 말을 계속적으로 하는 것도 위험하다. 그런 이야기를 자꾸 듣게 되면 아이는 '내가 선택하면 실패하는구나'라고 여기며 자신의 선택에 대해 책임지는 것을 두려워하거나 어떠한 선택조차 하지 않으려 든다. 아이가 실수를 했을 때는 오히려 격려하며 '이 기회에 많은 걸 깨달았을 테니 오히려 잘됐다. 다음엔 더 나은 선택을 할 수 있을 거야'라고 응원해 주는 것이 바람직하다.

조금 관련이 없게 느껴지는 질문이나 다소 엉뚱해 보이는 이야기를 하는 경우에도 '그런 생각도 할 수 있겠네' 하며 긍정적인 시선으로 바라봐 주고 아이의 창의적인 면에 대해 칭찬해 줘야 한다. 좋은 질문, 나쁜 질문이 따로 없다. 질문을 묵살당하는 아이는 풀이 죽고 점점 질문할 용기를 잃어버리게 되니 어울리기 힘들거나 다른 사람이 불쾌해할 정도로 도드라진 태도를 보이는 것이 아니라면 수용해 주라. 다들 공감하겠지만 '실수나 다름에 대한 우리 사회의 경직성'은 지금보다 훨씬 더 풀어질 필요가 있다.

한편, 부모의 속마음과는 달리 선택권을 주는 듯한 '네가 알아서 해!'라는 애매한 말도 삼가야 한다. 정말 알아서 해도 되는 건지 아니면 부모의 속마음을 빠르게 눈치채고 거기에 맞춰야 하는 것인지 아이가 고민하게 되는데 이는 결국 아이를 '남의 눈치를 보고 상대에게 맞추고자 전전긍긍하는 사람, 피해 의식에 사로잡힌 자신감 없는 사람'으로 자라게 한다.

오늘도 나는 '우리 보물이, 보석이, 보배'라고 애칭 아닌 애칭으로 아이를 깨운다. "넌 보 씨 성을 가진 물이, 석이, 배야." 하면 아이는 "쌈이거든." 하며 장난으로 응수한다. 매일 듣고 보아도 싫지 않은

게 사랑 표현일까. 늘 안고 뽀뽀하고 "뭐 이래 예쁜 기 우리 집에 있노. 물이, 석이, 배야." 하면 씩 웃으며 볼을 갖다 댄다. 집집마다 하나님께서 주신 존귀한 보물이, 보석이, 보배들에게 아침, 저녁으로 20초 Hug를 하고 살을 비비며 애정을 쏟아부으라. 살아가다가 문득 이날을 추억하며 그 '달콤하고 충만했던 부모의 사랑과 인정'에 기대어, 힘겨운 하루를 살아갈 용기를 얻게 될지도 모른다.

(5) 공개적인 질책은 금물

마트 주차장에 차 한 대가 쓱 들어오더니 다른 아이 둘은 차에 남겨 두고 엄마와 큰아들만 내린다. 하필 우리 차 옆이다. 엄마가 소리를 지르며 아이의 머리를 힘껏 휘갈기는데 이유인즉 뒷자리에 앉은 아이가 엄마의 머리를 발로 찼다는 것이다. 짐작건대 운전하고 있는 엄마의 머리를 아이들끼리 장난치다가 실수로 차게 된 것인 듯했다. 맞은 부위가 머리이고 운전 중이어서 위험했을 수도 있지만 그렇다고 아이를 많은 사람이 드나드는 주차장에서 그렇게 죄인 다루듯 하면 그 아이의 마음은 어떻게 될까? 얼마쯤 지나야 그 모욕과 상처가 지워질까? 수년이 지난 지금도 내 머릿속에 충격으로 남아 있는데, 당사자의 기억에서는 잊히기나 할까? '고집은 꺾고 기는 살리라'는 말이 있다. 이 아이의 경우 '고집(?)'이 꺾였는지는 모르지만 '기'까지 완전히 짓밟혀, 낮아진 자존감이 좋지 못한 감정과 난폭한 행동으로 이어지지나 않았을까 염려된다.

나도 아이에게 매를 댄 적이 두 번 있다. 6세 이전이었던 듯하다. 모두 집이었고 두 번 다 생각하는 의자에 앉게끔 했다. ─꽤 큰 사건이니 일기를 보면 알겠지만 거짓말이라고 생각되는 말을 했거나 짜증을 내며 함부로 행동했기 때문일 것이다.─ 그때 나는 '엄마가 어떤 부분에서 화가 났는지' 설명해 주고 생각하는 의자에 앉아 스스로 생각하게 한 뒤 아이가 원하는 만큼(두 대 정도) 손바닥을 때리고 대화로 풀고 안아 주었다. 이후로는 한 번도 물리적인 체벌을 가하진 않았다.

아이의 잘못된 행동을 없애고자 할 때는 그 문제 행동에 반응을 해 주지 않는 것이 좋다(일명 '소거'). "엄마는 이러저러해서 그 행동은 잘못이라고 생각해."라며 이유를 설명해 주고 "다음에도 이렇게 행동하면 엄마는 무시할 거야. 너를 무시하는 게 아니라 너의 잘못된 행동에 반응하지 않겠다는 거야"라고 말해 준다. 아이가 알아듣지 못할 만큼 어리다고 생각되어도 그렇게 말해 준다. ─아이는 부모의 눈빛과 말투만으로도 금세 분위기를 파악할 만큼 영리하다.─ 그리고 또다시 그런 행동을 하면 선언했던 대로 그 행동에 관심을 주지 않는다. 그러면 이내 잘못된 행동은 사라진다. 절대로 공개적인 자리에서 아이의 자존심을 짓밟아 버리는 행동이나 질책을 해서는 안 된다.

(6) 아이의 심리 및 정서 이해하기

'지피지기(知彼知己)면 백전백승(百戰百勝)'. 사춘기 아이들의 심리와 정서를 알면 그들의 행동을 이해하는 데 도움이 되겠기에 앞서 언급한 서울대학교 소아청소년정신과 김붕년 교수의 강연[13]을 중심으로 몇 가지 살펴보고자 한다.

부모와의 공간과 아이만의 공간이 아동기 때는 연결되어 있지만 사춘기 때는 분리된다고 한다. 여자는 대개 초등학교 5, 6학년에서 중학교 2학년 사이, 남자는 중학교 1학년에서 3학년 사이가 그렇다. '자신의 것을 찾아가는 과정'이기에 자연스레 '이게 필요한가?', '왜 꼭 그래야 하지?' 등 많은 의문이 생겨날 수 있는데 어른의 입장에서는 반항이라 여겨질 수 있다. 이때의 아이들은 분노, 시기, 질투, 민감한 불안 정서를 쉽게쉽게 느낄 뿐 아니라 자기만의 영역에 누가 침범을 하면 더 큰 자극이 가해지기 때문에 인격을 무시하거

---

13) 유튜브《지식인사이드》'지식인 초대석' 김붕년 편 등을 참고하였다.

나 모독하는 말, 공격적인 언행을 대하면 자신에게 아무리 중요한 사람이라 하더라도, 설사 그것이 부모라고 해도 미워하게 된다고 한다.

한편, 어른 세대에 대해 많이 답답해하기도 하고 비판도 많이 하는 자녀들의 언행이 부모에게는 큰 상처가 될 수 있다. 하지만 이 아이들이 말은 강하게 해도 자기 자신에 대해 잘 알지 못하고 미래에 대한 불확실성도 크기 때문에 부모는 이들을 수용해 주고 기다려 주는 것이 중요하다. 어린 시절의 사진이나 동영상을 보여 주면서 '옛날에 너 이랬어. 넌 참 괜찮은 아이란다.' 알려 주는 것도 아이가 가지고 있는 불안을 달래 줄 수 있는 좋은 방법 중 하나다.

또한 이 시기는 또래 간 응집력이 강화되는 시기여서 또래 활동을 통해 정체성이 크게 확대된다. 이때 부모가 또래 친구에 대해 비난을 하게 되면 자녀와 멀어지게 되고 그에 따라 부모의 역할이 줄어든다. 따라서 비난보다는 아이와 소통하면서 친구와의 관계에서 무엇이 즐거운지 무엇에 대해 속상한지 이해하고, 있는 그대로 인정해 주고 받아 주는 것이 중요하다.

'소통하는 한 명의 성인만 있어도 악한 길로 빠지는 것을 막을 수 있다'고 하지 않던가. 자칫 잘못하면 무시와 조롱, 분노와 반항으로 치닫게 될 수 있으니 대화의 마무리는 항상 격려로 끝내야 한다. 자신의 불안정하고 그릇된 태도에도 차분하게 대처하고 수용해 주는 부모를 보면서 아이도 자신의 감정과 태도에 대해 돌아보게 될 테니 말이다.

많은 부모가 사춘기 아이의 영역을 침범하거나 공격하면 안 된다는 것과 부모로부터의 돌봄, 격려, 지지가 필요하다는 것을 인지하고 있다. 하지만 알면서도 조절이 안 되는 이유는 부모의 나이 및 정서와도 연관이 있다. 불과 몇 년 전만 해도 부모에게 힘이 되었던 아이가 돌변한 듯 태도가 이상하니 놀랍고 섭섭한 것은 당연하다. 하지만 전문가들은 이러한 행동이 일시적인 것임을 기억하고 마음을 다스리는 것이 중요하다고 한다. 더불어 애착이나 감정 조절 능력, 공감 능력이 잘 발달된 경우는 그렇지 않은 경우에 비해 덜 공격적이기에 어릴 때부터 이러한 능력들이 잘 발달되게끔 도와주고 아이에 대한 욕심을 줄이고 아이를 적극적으로 지지하고 응원해 주라고 한다. 더불어 충동 조절을 위한 가장 강력한 무기라고 불리는 '문·예·체' 중 어느 하나에 관심을 가지고 그 안에서 자기 정체성과 진로를 찾아가도록 돕는 것도 필요하다.

앞에서 홈스쿨을 하는 백은실 사모님이 자녀와의 탄탄한 '관계'로 인해 사춘기를 잘 넘겼다고 말한 바 있다. 평소 따뜻한 분위기에서 말씀을 나누고 많은 대화를 했던 관계라면 이 시기 또한 기도와 대화로 충분히 잘 이겨 낼 수 있음을 기억하자.

(7) 마음 중심형 부모 되기

자녀 교육 강의에서 빠지지 않고 등장하는 것이 '부모의 유형'이 아닐까 한다. 익숙한 내용이기에 여기서는 굳이 이야기하고 싶지 않지만 우리가 쉽게 간과하는 것이 있어 몇 가지만 언급한다.[14]

'통제형 부모', '허용형 부모', '마음 중심형 부모' 이 세 가지 중 가장 바람직한 것이 무엇일까 물으면 다들 '마음 중심형 부모'라고 한다. 그런데 '마음 중심형 부모'를 지향하면서도 '통제형' 혹은 '허용형' 부모의 모습을 무의식중에 띠고 있는 경우가 많다.

'통제형 부모'는 처벌이나 죄책감, 뇌물이나 보상을 사용하면서 아이를 통제하는 유형이다. 칭찬 스티커나 '뭘 잘하면 어떤 걸 해 주겠다'는 식의 외적 보상은 생명력이 약할 뿐 아니라 다음 스텝을 고려했을 때 득이 되지 않는다. 상을 바라고 행동을 하니 목적과 수단이 뒤바뀌어 버리고, 상이 없으면 하고자 하는 욕구도 사라져 버린다. 또한, 통제형 부모는 기대치가 높아서 아이는 자신이 한참 부족하다고 느끼기가 쉽다.

'허용형 부모'는 아이의 응석을 받아 주고 마음대로 하도록 두는

---

14) 린다 해트필드, 타이 해트필드 외, 『사랑받은 아이는 흔들리지 않는다』, 빌리버튼 (2022)을 주로 참고하였다.

유형을 말한다. 질책을 하지 않으니 얼핏 보면 관계는 좋지만 이것이 습관이 되면 타인의 바운더리(Boundary)를 쉽게 침범할 수도 있고, 타인이 자신의 바운더리를 침범하는 것에 적절한 반응을 보이지 못하기도 한다.

'마음 중심형 부모'는 자녀를 정서적으로 지지하는 유형이다. 아이와 부모가 항상 많은 대화를 주고받고 핵심 주제에 대해 토론도 자주 한다. 다음에서는 '마음 중심형 부모'가 되기 위해서는 어떻게 하면 좋을지에 대해 몇 가지 생각해 보기로 하자.

감정 계좌에 긍정적인 감정 쌓기

긍정적인 감정은 놀이나 유대감, 수용 등을 통해 생겨나고, 반대로 스트레스, 부모의 고함, 처벌, 실패, 외로움 등을 통해 줄어든다고 한다. 아이의 감정 계좌에 긍정적인 감정이 많이 쌓이면 살아가면서 어려운 일을 만나도 마음이 부정적으로 쏠리지 않고 중심을 잡을 수 있으며 회복탄력성이 높아서 곧 평온을 되찾게 된다.

이를 위해서는 첫째, 가정에서 일어나는 여러 의사 결정 과정에 아이를 참여시켜야 한다. 다양한 사안에서 부모가 아이의 생각이나 감정, 아이디어를 물으면 아이는 스스로를 중요한 사람, 존중받는 사람이라고 느끼게 된다. 둘째, 아이가 '만족해할 만한' 관심을 주어야 한다. '놀아 달라, 이야기 들어 달라, 밖으로 나가자' 등의 요구는 막연한 '떼'가 아니라 하던 일을 멈추고 자신에게 관심을 보여 달라는 뜻이다. 상황에 따라서는 즉각적으로 관심을 가져 주기가 어려울 수도 있지만 그런 경우라도 '잠깐만, 엄마 하던 거 마저 하고 도와줄게'라고 말하며 양해를 구하는 등 아이가 충분히 존중받고 있음을 느끼게 해야 한다.

아이 몫의 문제에서 빠지기

지나친 개입이나 해결책 제시는 아이에게 '자신이 통제당하고 있다'는 느낌을 줄 수 있다. 아이 몫의 문제는 스스로 처리할 수 있음을 믿고 너무 깊이 관여하지 말고 대신 많은 공감을 보내 주라고 전문가들은 조언한다. '친구가 괴롭히면 당장 엄마한테 이야기해'가 아니라 '친구가 그렇게 말해서 속상했겠네'라고 마음만 읽어 주고, '추워, 옷 두껍게 입고 나가'라는 말 대신에 '얇게 입고 가면 춥겠는걸'이라고 말해 부모의 우려를 표현하는 정도에 그치라는 것이다. 행동에 따라오는 결과를 아이가 스스로 경험해 봐야 해결 방법도 스스로 찾아간다. 아이의 선택이 미성숙해 보여서 불안해도 그 불안함을 꾹 누르고 진심으로 공감해 주고 아이의 선택을 믿어 주면 아이의 자존감이 살아나는 것은 물론이고 부모와의 관계도 탄탄해질 수 있다.

미셸 오바마의 『자기만의 빛』[15]을 보면 다음과 같은 구절이 있다.

> **편안하게 두려워하는 법**
>
> 이 세상의 모든 무섭고 상처 주는 것으로부터 아이를 보호하고 싶은 격렬하고도 깊이 내재된 욕구를 느끼는 순간마다 나는 잠시 멈추어 생각했다. 이것이 원초적인 본능이자 두려움의 결과물이라는 것을. 그래서 그러는 대신 어머니가 했던 대로 앞마당에 나를 세워 놓는다. 그사이에 아이들은 스스로 당당하고 독립적인 사람이 되는 길을 찾는다. 신경이 웅웅거리고 심장이 터져 나갈 것 같지만 말이다. **아이들이 두려움을 느끼지 못하게 막으면 아이들은 자기의 능력 또한 느끼지 못하게 된다**는 사실을 어머니로부터 배웠기 때문이다.
>
> '두려움 한 스푼을 가지고 나아가 한 수레 가득 능력을 쌓아 돌아오라.'
>
> 걱정거리는 차고 넘치며 끊이지 않지만 그럼에도 나는 편안하게 두려워한다.
>
> ……(중략)……

---

15) 미셸 오바마, 『자기만의 빛』 웅진지식하우스 (2023), 100~111쪽.

> 미지의 영역은 가능성이 반짝이는 곳이다. 위험을 감수하지 않는다면, 급격한 마음의 동요를 견뎌내지 않는다면 변화할 기회를 빼앗긴다.
> '나의 세계를 조금 더 넓혀도 내가 감당할 수 있을까?' 나의 답변은 언제나 '그렇다'일 것이다.
> ……(중략)……
> 안녕, 또 왔네. 나타나 줘서 고마워. 덕분에 정신이 바짝 들었어. 하지만 난 널 알아. 내 눈에 넌 괴물이 아니야.

편안하지 않겠지만 애써 '편안하게 두려워'하자. 아이의 선택과 가능성을 믿으며…….

아이의 바운더리를 존중해 주기

바운더리(Boundary)란 '자신이 하고자 하는 것을 스스로 정하는 지침'이다. 신체와 감정, 소유물 등 많은 부분과 관계가 있으며 '내 허락 없이 누가 내 몸에 손대는 건 싫어.' 혹은 '배부를 땐 억지로 먹고 싶지 않아.' 등의 마음도 여기에 해당된다.

문제는 위에서 언급했듯이 부모가 아이의 바운더리를 존중하지 않으면 이 아이가 훗날 타인의 바운더리를 무시할 수도 있고 자신의 바운더리를 존중받지 못하는 것을 당연시할 수도 있다는 것이다. 비하를 당해도 그것에 대해 적극적이고 건강한 반응을 하지 못하는 것이다. ―실제로 이런 식으로 힘의 균형이 깨어져 버려 학교생활을 힘겨워하는 아이들이 많다.

　전문가들은 아이의 바운더리를 존중해 주기 위한 방법으로 식사량을 너무 깐깐하게 간섭하지 말 것, 아이를 만지기 전에 긍정 신호를 확인할 것, 벌을 없앨 것 등을 권한다. 특히, 아이의 '싫어요'가 무례나 반항이 아니라 자신의 바운더리를 주장하는 건강한 반응임을 알고 아이의 거절에 상처받지 말아야 한다.

주변 사람들과의 관계를 위한 노력

아이와 부모와의 관계도 중요하지만 아이의 사회적인 관계 또한 간과할 수 없는 부분이다. 위에서 말한 노력들이 사회성을 기르는 것과도 무관하지 않지만 주변인들과의 보다 나은 관계를 위해 '자기조절력, 공감 능력, 도덕심, 실수를 두려워하지 않는 마음' 등을 기르는 방법에 대해 생각해 보자.

(1) 자기조절력 길러 주기

0~3세는 스킨십, 건강한 영양공급, 적절한 수면시간 확보에만 신경을 써도 뇌가 발달하는 데 큰 도움이 된다고 한다.

4~7세는 자기조절력과 내면화를 위해 더욱 섬세한 돌봄이 필요하다. 아이마다의 다른 성향을 이해하고, '어느 정도의 범위 안에서 행동을 허용하고 금지할 것인가'에 대한 소통도 이루어져야 한다.

범위에 대해 아이와 대화로써 규칙을 정하고, 함께 정한 규범은 일관되게 적용해야 한다. 안전한데도 무서워한다면 '안 위험해. 재미있으니 한번 해 보자.' 격려도 해 주고 어린이집, 유치원 선생님과의 소통을 통해 아이가 잘하고 있는지도 살피고 조절이 잘되지 않는 문제가 있다면 타협점을 만들어 다시 내면화하도록 도와야 한다. 자기조절력이 좋아야 부정적인 감정을 통제하는 능력, 약속 이행, 건강한 애착 등이 손상되지 않으며 부모의 말을 따르는 일련의 일들이 무리 없이 이루어진다. 아이를 제대로 살피지 않고 있다가 초등학교 고학년 혹은 중학생이 되어서야 문제가 있음을 발견하고 그제야 치료를 시작하지만 원하는 효과가 나타나지 않아 뒤늦은 후회를 하는 경우를 종종 보아 왔다. 아무리 바빠도 단계에 맞게 아이가 잘 성장하고 있는지, 주변 사람들과의 어려움은 없는지 반드시 관심을 가지고 지켜보아야 한다.

(2) 공감 능력과 도덕심 기르기

7~12세 때는 '사회화'라는 큰 숙제에 직면하게 된다. 가정에 국한되어 있던 인간관계가 점점 확장되면서, 집단에 소속되고 사회적으로 인정받고자 하는 욕구가 발생하게 되는데, 이것이 채워지지 않

으면 '사회적 고통(Social pain)'을 겪게 된다. 또래 관계에서 느끼는 이러한 정서적 고통은 신체적 고통만큼이나 아프고 심각할 수 있는데, 분노와 우울감까지 수반하기 때문에 이를 건강하게 해소하는 능력을 키워 주는 것이 무엇보다 중요하다.

이 시기에 길러야 할 능력은 '타인에 대한 정서적 공감'과 '도덕심'이다. 조력자로서의 부모가 이를 위해 줄 수 있는 가장 큰 도움은 아이의 롤모델(Role model)이 되는 것이다. 아이는 부모의 '말'이 아니라 '행동'을 통해 배우기 때문에 열 마디의 좋은 말보다는 작은 행동 하나가 아이에게 더 큰 영향을 끼친다. 부모가 규칙을 잘 준수하고 정직하게 행하는 모습을 통해 아이는 도덕심을 배우고, 부모가 사람들의 어려움과 슬픔, 혹은 기쁨에 깊이 공감하는 모습을 보며 공감 능력을 기른다. 이를 통해 좋은 또래 관계를 형성하고 자신감과 정서적 안정을 유지하게 되는 것이다.

(3) 실수에 대해 대범해지기

어느 날, 작은 실수에도 크게 부끄러워하는 아이를 보고 어릴 때의 내 모습이 떠올랐다. 별것 아닌 실수에도 얼굴이 화끈거리고 이불 킥을 하던 기억…….

그래서, 아이는 나처럼 예민한 사람이 되지 않기를 바라는 마음으로 실수를 과장해서 보여 줬다. 누구나 다 실수는 한다고, 실수가 절대 부끄러운 게 아니라고……. 그러면 아이는 "정말? 엄마도 그랬어? 나 있잖아, 나도……." 하면서 자기의 실수를 온몸으로 들려준다.

모르는 걸 선불리 아는 체했다가 뒷수습이 더 힘들어지는 경우도 얼마나 많은가. 나도 모르게 잘못 대답했다가 혹은 아는 체 얼버무렸다가 난처했던 경험을 리얼하게 들려주면서, 모르는 것을 모른다고 솔직하게 인정하는 것이 얼마나 훌륭한 일인지도 알려 준다. 이러한 교육은 실수하는 이들을 따뜻하게 감싸안는 넓은 마음도 길러 줄 수 있어 더욱 가치가 있다.

5

크리스천 부모가 잊지 말아야 할 것

　자녀 양육과 관련된 도서나 매체는 널려 있다. 각 분야의 전문가들이 구체적인 자료와 임상을 바탕으로 열심히 풀어내고 있는 것이다. 하지만 우리는 '믿음의 부모'로서 세상에서 이야기하지 않는 소중한 가치관을 기저(基底)에 품고 자녀 양육의 사명을 감당하기 위해 최선을 다해야 한다. 믿음의 사람들이 정치를 하고 믿음의 사람들이 이 나라의 경제를 이끌기를, 그런 믿음의 나라가 되게 해 달라고 예배 때마다 부르짖고 있지 않은가. 한낱 구호나 기도제목에서 끝날 것이 아니라 정말 그러한 나라가 되기 위해서는 우리 믿음의 부모들이 주님이 주신 기업들을 믿음의 사람으로 길러 내기 위해 몸부림쳐야 한다.

(1) 유한한 부모, 영원한 말씀

아이가 26개월이 막 지나고 어린이집 4세 반으로서 첫 버스 등원을 할 때의 느낌을 잊을 수가 없다. 태어난 직후 한 해는 육아 휴직으로 내가 함께 있었고 다음 해는 부모님께서 아침부터 저녁까지 돌봐 주셨는데, 이제는 피 한 방울 섞이지 않은 '남'이 아이 곁에서 등·하원을 지도해 주고 밥을 먹이고 잠을 재우는 등 긴 시간을 함께한다. 아이에 대한 부모의 사랑이 지극해서 한시도 떨어지지 않고 알뜰살뜰 지켜 주고 싶다 하더라도 현실은 결국 분리되어야 하는 것. 부모의 돌봄은 한계가 있는 것이다. 아이와 영원히 함께 할 수 있는 사람은 없으며 오직 하나님만이 아이를 한시도 놓지 않고 지켜주실 수 있다. 부모가 하나님께 매달려야 하는 이유도, 아이가 다른 무엇이 아닌 하나님만을 의지하며 살아야 하는 이유도 여기에 있는 것이다.

이어령의 『지성에서 영성으로』[16]를 보면 망막 박리로 실명 위기에 처한 딸을 만나러 미국에 간 아버지 이어령의 모습이 나온다.

---

16) 이어령, 『지성에서 영성으로』, 열림원 (2010)

> (미국에 도착한) 그날 저녁 민아 컴퓨터를 보니 바탕화면의 아이콘들이 보통 것보다 서너 배는 커요. 그래서 얘가 아직도 컴퓨터를 잘 못하나 싶어 해상도를 바꿔 정상 사이즈로 해 놓았지요. 그랬더니 민아가 "아빠, 눈이 잘 안 보여서 일부러 크게 해 놓은 건데"라고 말하더군요.
> 순간, 가슴이 덜컥 내려앉았습니다. 딸의 눈이 아파서 왔다는 애비가 눈이 아픈 건 까맣게 잊고 있었던 겁니다. '이것이 세속에 있어서의 아버지와 딸의 만남이구나. 그 애가 하나님 아버지라고 부르는 아버지는 그러지 않을 것이다. 그 아버지는 샅샅이 딸의 아픈 모공 하나하나까지도 보시고 안타까워하시며 쓰다듬어 주실 것이다. 그래서 민아가 지상의 아버지보다는 하늘의 아버지에게 더 의존하는구나.' 이런 생각을 하며 무심한 나 자신을 탓했습니다. (155쪽)

딸을 통해 자신의 한계를 깨달은 '지상의 아버지'는 결국 딸이 의지하는 '하늘의 아버지'께 돌아온다. 제목 '지성에서 영성으로'처럼…….

'내가 이 아이와 할 일이 있단다.'
조리원에서 집으로 돌아온 첫날 밤 그 하나님의 음성처럼, 우리는 하나님의 대사일 뿐 자녀의 주인이 아니다.

> **대사4 (大使)**
> [명사] 정치 | 나라를 대표하여 다른 나라에 파견되어 외교를 맡아보는 최고 직급. 또는 그런 사람. 주재국(駐在國)에 대하여 **국가의 의사를 전달하는 임무를 가지며 국가의 원수와 그 권위를 대표**한다.

'대사'의 사전적 의미다. 부모는 세상에 파견되어 자녀에게 하나님의 뜻을 전달하는, 하나님과 하나님의 권위를 대표하는 사람이다. 어찌 교육이랍시고 아이를 제 마음대로 키워 가겠는가.

> 그러므로 모든 육체는 풀과 같고 그 모든 영광은 풀의 꽃과 같으니 풀은 마르고 꽃은 떨어지되 **오직 주의 말씀은 세세토록 있도다** 하였으니 너희에게 전한 복음이 곧 이 말씀이니라 (베드로전서 1:24~25)

(2) 크리스천 부모가 주의해야 할 것

하나님의 마음에 촉각을 곤두세우고 이를 온전히 전달하기 위해, 더불어 주의 자녀를 그 가치에 맞게 대하기 위해 우리가 주의해야 할 점이 있다.

첫째, 자녀와 부모 우리 모두가 죄인임을 기억해야 한다. 그리고 그것을 함께 고백하며 서로의 부족함에 대해 이해해야 한다. 고등부 친구들과 생활하다 보면 부모의 위선적인 모습에 실망하고 이것이 하나님을 부인하는 것으로까지 이어지는 경우를 많이 보게 된다. 부모는 부모대로, 사랑만 하면서 금이야 옥이야 키웠는데 아이가 자신의 사랑을 부정하는 것에 상당한 배신감을 느낀다. 이러한 슬픈 이야기가 현실로 일어나는 까닭은 우리 모두가 완전하지 못한 죄인이기 때문이다.

한편, 자녀에게 이러저러하게 대했다는 이유로 죄책감을 가지고 살아가는 부모도 많다. 자녀의 어떤 부적절한 행동이 부모 자신의 과거 어떠한 행적 때문이라고 여기며 후회와 한탄으로 눈물을 훔치시곤 하는 것이다. 합리화를 하라는 게 아니라 자녀와 함께 그렇게 할 수밖에 없었던 상황을 이야기하며 그 모든 것이 나약한 죄인이기 때문임을 나눠야 한다.

또한 자녀의 잘못된 행동에 대해서도 아이 스스로 자신 안에 있는 죄성을 보게 하며 하나님 앞에 회개할 수 있도록 도와야 한다. 동역자들과 성경 공부할 때만 고백할 것이 아니라 매일을 살 맞대며 살아가는 부모와 자녀가 서로의 부족함을 고백하고 '이래서 우리는 하나님이 필요해' 이야기하며 하나님의 간섭과 임재를 구해야 하는 것이다.

둘째, 화가 날 때는 부모 자신의 과거의 상처나 화가 난 동기 등을 잘 살펴야 한다. 올ㅇ브 교회 이ㅇ영 목사님께서 '어머니 학교'에서 말씀하신 내용이다. 초등학교 1학년인 자녀가 예배 시간에 천방지축인 것을 보고 화가 나서 따로 불러 손찌검을 하셨다고 한다. 그날 밤 하나님이 자신의 마음을 들여다보게 하셨는데, 아이를 엄히 질책했던 이유가 '하나님 앞에서 예배를 잘 드리기를 바라는 마음에서 비롯된 것이 아니라 교육 목사의 아이가 그런 태도로 예배를 드리는 것이 자신의 자존심을 상하게 했기 때문'이었음을 깨닫고 상당한 충격을 받으셨다고 한다. 나의 '화남'의 동기가 정말 아이를 걱정하고 사랑하기 때문인지, 부모 자신의 자존심과 명예 혹은 수치와 관련된 것인지를 잘 살펴보아야 한다. 더불어, 정도를 넘은 화냄이 나의 과거의 상처가 건드려졌기 때문일 수도 있는데, 이 경우에는 자신의 상처를 직면하고 치유하기 위해 애써야 한다.

셋째, '화냄'이 하나님의 의를 이룰 수 없음을 기억하고 솟구치는 화를 제어해야 한다. 앞에서 말했듯이 화가 치밀어 오를 때는 3초간 심호흡을 하거나 주위의 다른 소리에 귀를 기울여 주의를 다른 곳으로 돌리거나 아예 자리를 피해 마음을 가라앉혀야 한다. 배우자가 조용히 다가가서 화를 참을 수 있도록 사인을 주는 것도 좋다. '사탄에게 휘둘리지 마세요. 죄가 문에 엎드려 있어요'라는 마음으로…….

> 네가 선을 행하면 어찌 낯을 들지 못하겠느냐 선을 행하지 아니하면 죄가 문에 엎드려 있느니라 **죄가 너를 원하나 너는 죄를 다스릴지니라** (창세기 4:7)

그렇게 한숨 돌리고 나면 조금 더 이성적이고 객관적으로 상황을 바라보게 된다. 순간 기도를 하며 하나님께 지혜와 평안을 구하면 아이의 마음까지도 헤아릴 여유가 생긴다. 그 이후에 차근차근 대화를 해 나가는 것이 좋다. 그리고 화를 내버렸다면 대화로 풀면서 '내가 화를 내어 하나님께, 그리고 네게 죄를 지었어'라고 사과하는 것이 옳다. 사과에 인색한 부모가 상당히 많은데 사과를 한다고 해서 부모의 권위가 떨어지거나 아이가 부모를 얕잡아 보게 되는 것은 결코 아니다. 오히려 사과는 아이의 마음을 부드럽게 만든다.

> 너희 아버지의 자비로우심같이 너희도 자비로운 자가 되라 비판하지 말라 그리하면 너희가 비판을 받지 않을 것이요 정죄하지 말라 그리하면 너희가 정죄를 받지 않을 것이요 용서하라 그리하면 너희가 용서를 받을 것이요 주라 그리하면 너희에게 줄 것이니 곧 후히 되어 누르고 흔들어 넘치도록 하여 너희에게 안겨 주리라 너희가 헤아리는 그 헤아림으로 너희도 헤아림을 도로 받을 것이니라 (누가복음 6:36~38)

넷째, 자녀의 미성숙한 말과 행동에 상처받지 않아야 한다. 그리고 그냥 '힘들다고 온몸으로 표현하고 있구나' 생각해야 한다. 배우신애라는 집에 들어와 갑자기 짜증을 내며 방으로 들어가는 아이를 대할 때 아이의 감정과 행동을 분리해서 생각하라고 조언한다. '속상한 일이 있었구나' 이해하고, 뒤에 그 일들에 대해 이야기 나누며 공감해 준 뒤 '화가 난다고 해서 마음을 그런 식으로 표현하는 것은 잘못된 거야'라고 말해 준다고 한다. 참 쉽지 않은 일이다. 하지만 한 템포 쉬고 그렇게 풀어가도록 손 내밀 수 있는 사람은, 전두엽도 발달해 있고 산전수전 다 겪어서 감정 표현이 비교적 더 잘되는 부모 쪽이니, 게다가 우리는 하나님께 권위를 부여받은 하나님의 대사이니 덜 상처받고 더 손 내밀자.

다섯째, 의도치 않게 나쁜 감정들을 쏟아내고 나면 자책감과 후회가 밀려온다. 그 가운데 마음 저 밑바닥에서 들려오는 '이것 봐, 넌 틀렸어'라는 자책의 소리가 있는데 이는 사탄의 말이다. 이러한 소리에 지지 말아야 한다. 분명히 회개했는데 돌아서면 또 같은 죄를 반복하고 있는 자신이 너무 싫고 염치가 없어 회개조차 하기 싫을 때가 있다. 그렇다고 정말 하나님께 나아오지 않고 다른 방법으로 마음을 풀거나 그냥 묻어두며 '난 원래 그런 놈이야' 한다면, 그건 하나님이 기뻐하시는 방법이 아니며 올바른 해결책이라고도 볼 수 없다. 그래도 하나님께 '염치없지만 또 회개합니다' 하고 엎드려야 하지 않겠는가. 그렇게 살아가다 보면 며칠 전과 지금의 내 모습은 변한 게 없을지 몰라도 오 년 전의 모습과 지금의 나는 달라져 있을 것이다. ―아이들에게 늘 이야기한다. '결심이 서면 아주 작게라도 움직여라. 1도만 틀어도 내 삶은 엄청나게 달라져 있을 것이다.'

여섯째, 축복의 말을 하루도 빠지지 않고 해 주어야 한다. 하나님을, 그리고 하나님의 권위를 대표하는 부모는 하나님이 주신 축복의 권세로 매일 아침저녁으로 자녀의 머리에 손을 얹고 기도해 주어야 한다. 말씀 구절에 아이 이름을 대입해서 읽어주거나 외워서 들려주는 것도 필요하다. 교회의 한 선배는 출근 전 매일같이 아이의 머리에 안수하며 기도를 해 주다가 하루는 너무 바빠 그냥 나가려는데 자는 줄로만 알았던 아들이 엄마 손목을 잡고는 '기도해 줘' 하더란다. 엄마의 꾸준한 기도가 얼마나 큰 힘을 가지고 있는지 아이도 은연중에 느끼고 있었던 것이다. 자녀가 알든 모르든 자녀의 기도 통장에 잔고를 쌓자.

6남매 중 맏이인 친정아버지는 중학 시절 갑자기 가세가 기울어 이십 대 초반에 장남으로서 가정 살림을 돌보아야 했는데, 믿음이 좋으셨던 어머니(나의 할머니)께서 늘 이런 말씀을 하셨다고 한다.

"○○아, 니는 그래도 잘 살끼다."

새벽에 깨어 보면 늘 기도하고 계셨고 가족들의 밥을 푸기 전 주걱을 들고 기도부터 하셨다는 할머니. 돌아가신 원로 목사님께서 "법 없이도 사실 선한 분을 하나님은 왜 그렇게 일찍 데려가셨는지 내가 천국 가면 여쭤봐야겠다" 하셨다던, 부도가 나고 말도 못 하게 가난해진 때 상당한 액수를 교회당 짓는 데 서원하셨다던 '믿음의 어머니'의 기도가, 물질적 풍요가 전혀 보이지 않던 시절에도 '니는 잘 살 거다'라고, '내가 늘 기도하고 있으니 그래도 맏이인 너는 잘 살 거다'라고 확신하시게 했던 것이다.

우리 가족은 지금, 할머니의 선포대로 부족함 없이 잘 살고 있다.

일곱째, 자녀가 어떤 행위나 결과 때문이 아니라 단지 '너'이기에 사랑받는 것임을 알게 해야 한다. 선한 것 하나 없는 우리, 자격 없는 내가 이렇게 잘 살아가고 있음이 하나님의 무조건적인 사랑 때문이듯이, 우리 자녀도 존재 자체만으로 한없이 사랑받고 있음을 수시로 알게 해야 한다. 상처 주고 상처받기 쉬운 세상에서 하나님의 사랑만이 아이를 태생 그대로 온전하게 지켜 낼 수 있음을 기억하고, 그 사랑에 흠뻑 젖어 살아갈 수 있도록 날마다 하나님의 사랑을 표현해 주자. 특히 주위 평가에 민감한 중·고등학생 때는 성적이 아이의 존재보다 절대 크지 않음을 자주 말해 주고 아이의 성장을 믿고 많이많이 사랑해 주자.

VI
스마트폰

우리의 현주소

한 후배가 아이를 갓 출산하고 자녀의 스마트폰 사용에 대해 아직 아무런 생각이 없던 때, 의사이신 주일학교 집사님으로부터 스마트폰 사용의 위험성에 관한 강의를 듣고는 초등학교 졸업 무렵까지 폰을 주지 않았다. 후에 그 후배는 집사님의 강의가 아이와 가정을 지켰다며 무척 고마워했다. 6학년 졸업을 앞두고 그 아이에게 폰이 생긴 걸 보고 나는 '스마트폰을 가지기 전과 가진 후의 삶이 어떻게 바뀌었는지' 물어봤다.

"예전에는 버스를 기다릴 때 아무것도 하지 않아도 심심하지 않았는데요. 이제는 폰이 있으니 굳이 안 볼 이유가 없잖아요. 그래서 자주 보게 돼요." 한다. 그리고 한 마디 덧붙인다. "다른 일을 하다가도 알림이 울리면 주의를 빼앗기게 되니 좀 그렇긴 해요."

자녀의 어린이집 가방을 둘러멘 엄마가 하원한 아이와 각자의 스마트폰을 보며 인도를 걷고 있다. '그럴 거면 아이를 왜 데리러 간 건지, 이건 그냥 보육이구나' 싶어 씁쓸했다. '스마트폰(Smart phone)'과 '좀비(Zombie)'의 합성어인 '스몸비(Smombie)'라는 말이 딱 어울리는 장면이었다.

  2022년 과학기술정보통신부의 조사에 따르면 우리나라의 스마트폰 사용자 4명 중 1명이 과의존 위험군(일명 중독)이라고 한다. 믿음 좋은 선배 부부가 열심히 가정 예배를 이끌고 신앙의 본을 보이고자 애쓰는데도 아이가 게임에만 빠져 있다며 속상해한다. 왜 그럴까? 부모가 위선적이어서 혹은 아이들에게 선한 영향을 못 끼쳐서일까? 아니다. 부모보다 더 크고 강한 영향력을 가진 선생이 세상에 널려 있기 때문이다. 각종 유튜브 채널들, SNS, 게임, 세상에 물든 또래 친구들…….

뭐가 그렇게 문제인가?

(1) 시간 및 감정의 비자발적 소모

내 인생, 내 시간은 내가 주체적으로 사용해야 진정 내 것일 텐데 5분마다 울리는 푸시(Push) 알림은 내 시간을 내가 주체적으로 사용할 수 없게 만든다. 갑자기 그날의 날씨를 생각해야 하고 생각지도 않았던 광고를 봐야 하며 복권 당첨 확률까지 알아야 한다. 용무가 있어 잠시 SNS를 하게 되었는데 오래전 알고 지낸 누군가의 사생활이 눈앞에 펼쳐져 당황스럽기도 하다. 그 사진이 그의 삶 전체를 오롯이 대변해 주는 것도 아닌데, 그와 비교되는 초라한 내 모습에 상대적 박탈감과 우울함, 고립감이 일순간 밀려온다. 실제로 하루 3시간 이상 소셜 미디어(Social media)[17]를 사용할 경우 우울증

---

17) 소셜 미디어(Social media): 트위터(Twitter), 페이스북(Facebook)과 같은 소셜 네트워킹 서비스(Social Networking Service, SNS)에 가입한 이용자들이 서로 정보와 의견을 공유하면서 대인관계망을 넓힐 수 있는 플랫폼을 말한다.

위험이 2배 증가한다는 연구 결과도 있다.[18]

(2) 폭력성

게임을 하거나 동영상을 시청하면서 접하게 되는 각종 난폭한 장면 혹은 욕설들은 우리의 정신을 매우 피폐하게 만든다. 보드라운 성향의 아이라고 믿었던 자녀가 어느새 안 하던 욕을 하고 괴팍한 행동을 보이는 것에는 이러한 미디어의 영향이 크다. 겉으로 드러나는 폭력성뿐만 아니라 메신저를 통한 인간 소외 현상, 일명 '사이버 불링(Cyberbullying)'[19]도 아이들 사이에서 매우 심각한 수준이다. 또래 관계와의 동질감이 너무나 중요한 청소년 시기이기에 뚜렷한 의식 없이 부적절한 행동을 함께 행하다가 자기도 모르는 사이 가해자가 되어 있기도 한다. 문제를 인식한 아이들은 그룹에 속해 있자니 불편하고 나가자니 외롭거나 두렵고 해서 어찌할 바를 모른다.

---

18) 비벡 머시 미국 의무총감 겸 공중보건서비스단(PHSCC) 단장이 2024년 6월 17일 『뉴욕타임스(NYT)』를 통해 밝혔다.
19) 사이버 불링(Cyberbullying): 온라인이나 디지털 환경에서 특정 개인이나 그룹을 괴롭히거나 따돌리는 행위를 말한다.

(3) 중독

나는 알고리즘(Algorism)[20]과 숏폼(Short form)[21]에 자유롭지 못하다고 분명히 말할 수 있다. 의식을 가지고 '이건 아니지', '얼른 빠져나가야지' 하면서도 한 번 걸려들면 자제가 힘들다. 그나마 전두엽이 어느 정도 완성되었다는 어른도 이러한데 전두엽이 발달하지 못한 아동이나 청소년들이야 말해 무엇 하겠는가. 알고리즘이나 숏폼은 스마트폰 중독을 초래하는 주요한 요인이다. 더불어 SNS에서 '좋아요'를 받을 때 생성되는 도파민도 중독을 가져온다. 한 번의 '좋아요'는 더 많은 '좋아요'를 낳기 위해 또 더 많은 자료나 정보를 업로드하게 한다.

(4) 불안감

'노모포비아'라는 말이 있다. '**No mobile-phone phobia**'의 줄임말인데 휴대전화가 없을 때 초조해하거나 불안감, 공포감(Phobia)을

---

20) 알고리즘(Algorism): 여기서는 웹 크롤링의 인터넷 검색 과정에서 사용되는, 인터넷을 할 때 다양한 콘텐츠를 개인 맞춤형으로 추천받는 것을 말한다.
21) 숏폼(Short form): 릴스, 숏츠, 틱톡 등 길이가 짧은 영상을 말한다.

느끼는 증상을 일컫는다. 이른바 휴대전화 중독이나 금단현상을 말하는데, 휴대전화를 수시로 만지작거리거나 손에서 떨어진 상태로 5분도 채 버티지 못하는 것, 강제로 휴대전화 사용을 제지당했을 때 폭력적인 반응을 보이는 것 등이 이에 해당한다.

휴대전화를 수업이나 일과 중에 소지하지 못하게 하는 중·고등학교가 많다. 만약 사용하는 것이 발각되면 일주일 압수 등의 제재가 가해지는데 이것 때문에 발생하는 교사와의 트러블이 만만찮다. 수업 중에 스마트폰을 책상 위에 버젓이 올려 두는 경우도 많은데, 그런 아이들은 휴대전화가 한시도 눈에 보이지 않으면 불안하다고 한다.

(5) 수면 부족

학교나 학원 수업으로 인해 스마트폰 사용을 미뤘던 아이들은 잠들기 전에 많은 시간 스마트폰을 사용한다. 수업 시간 졸음을 이기지 못하는 아이들의 대부분이 '폰을 한다고 잠을 못 자서요'라고 이유를 댄다. 조너선 하이트(Jonathan Haidt)는 『불안 세대』[22]에서 잠이 모자란 십 대는 충분히 잔 십 대에 비해 집중력과 기억력이 떨어

---

22) 조너선 하이트(Jonathan Haidt), 『불안 세대』, 웅진지식하우스 (2024)

져 학업 성적이 낮고, 짜증과 불안 수준이 높아져 대인관계에도 문제가 생기며, 지속되는 수면 부족은 다른 생리적 계(係)들의 교란을 초래하여 체중 감소, 면역력 저하를 비롯해 여러 가지 건강 문제를 일으킨다고 한다. 이외에도 의사 결정 및 운동 능력 부족 등 수면 부족이 초래하는 부정적인 결과는 이루 말할 수 없이 많다.

(6) 뇌 발달 저해

스마트폰에 중독되면 뇌의 발달도 불균형해진다. 흔히들 알파세대(Generation Alpha, 2010년대~2020년대 생)라고 부르는, 스마트폰이 대중화된 이후에 태어난 아이들은 그 폐해가 도드라진다. 노규식 정신건강의학과 전문의는 tvN 프로그램 《미래수업》을 통해 스마트폰에 중독된 뇌는 일반 뇌에 비해 전두엽과 측두엽의 기능이 크게 저하된다고 지적했다. 일반적으로 전두엽은 '감정, 운동, 지적 기능'을, 측두엽은 '언어기능', 후두엽은 '시각기능'을 담당하는데 과도한 스마트폰 사용으로 감정, 운동, 지적 기능과 언어 기능은 저하되고, 시각적 기능만 활발하게 이루어져 뇌 발달의 불균형이 일어나는 것이다. 이는 4차 산업 시대에 필수 능력이라고 할 수 있는 공감 능력, 창의적 사고 능력까지 마비되는 결과를 초래한다.

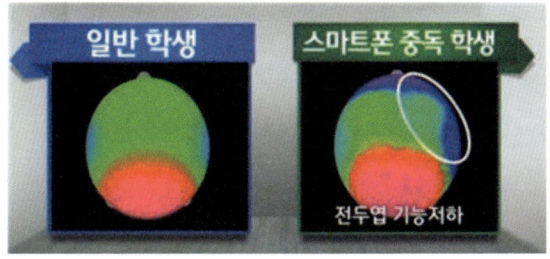

일반 학생과 스마트폰 중독 학생의 뇌파 비교
출처: 최성규, 뇌 균형 연구 센터

한편, 공부를 하다가 잠시 쉬면서 스마트폰을 사용하는 경우, 스마트폰 조작에 따른 인지적 부담이 다른 방식으로 쉬는 것에 비해 매우 커서 두뇌 재충전 효과가 하락한다고 한다. 이때 지능 검사를 하면 IQ가 15점 정도(혹은 10% 이상) 떨어지며, 스마트폰을 하다가 다시 공부를 하게 되면 '주의 잔류(Attention residue) 현상'이라고 해서 하던 일(스마트폰 사용)에 주의력 일부가 남아 있어 20분가량 집중력이 떨어진다고 한다.

(7) 시냅스 가지치기

인간의 두뇌에는 대뇌피질에만 약 100억 개의 신경세포[뉴런(Neuron)]가 존재하는 것으로 추산된다. 신경세포는 시냅스(Synapse)

라는 구조를 통해 인접한 다른 신경세포와 화학적 신호를 주고받으며 다양한 정보를 받아들이거나 저장한다. 시냅스는 신경전달의 효율성을 최대한 키우기 위해 끊임없이 소멸, 생성되고 커지거나 작아지는 등의 변화를 겪는데 '과잉생산(Overproduction)'과 '가지치기(Pruning)'를 반복하며 시냅스의 연결이 정교해지고 뉴런의 정보 소통에 효율적인 체계를 갖추게 된다. 즉 필요하고 중요한 시냅스는 튼튼하게 만들고 덜 중요한 시냅스는 가지치기를 통해 제거하는데, 그 기준은 '반복'이다. 반복되는 경험과 자극을 통해 어떤 시냅스를 유지하고 어떤 시냅스를 제거할지 결정되는 것이다. 인간에게 스마트폰이 없을 때에는 자기 주도적인 삶을 살면서 여러 가지 창의적인 일들을 담당할 수 있는 시냅스의 연결망이 튼튼하게 형성되었지만, 스마트폰을 붙들고 지내면서부터는 유용한 시냅스의 연결망이 하나씩 제거되고 재미에만 반응하는 오락적 시냅스들만이 단단하게 연결되는 비극이 발생하는 것이다. 게다가 가지치기가 된 신경망은 다시 생기기가 어렵기에 어떠한 뇌를 만들어 갈 것인지에 대한 진지한 고민이 필요하다.

(8) 팝콘 브레인

팝콘이 열을 만나면 톡톡 터지듯 '강렬한 자극에만 뇌가 반응하고 일상 현실에는 무감각해지는 현상'을 '팝콘 브레인(Popcorn brain)' 이라고 한다. 미국 워싱턴대학교 데이비드 레비(David Levy) 교수가 만들어 낸 용어로 2011년 CNN을 통해 처음 소개되었다. 그는 디지털 기기를 과도하게 사용하면 팝콘 브레인이 발생하기 쉬우며, 특히 어린이들이 디지털 기기에 너무 집중하면 이런 위험이 더욱 높아진다고 경고한다. 자극적인 영상에 노출되면 도파민이 분비되는데, 반복적인 노출로 인해 내성이 생겨 더 큰 자극을 추구하게 되면서 일상생활 등 평범한 자극에는 흥미를 잃게 되는 것이다. 팝콘 브레인 성향을 가진 사람은 집중력이 부족하고 충동성이 강하며 의사 결정에 어려움을 겪는 것으로 알려졌다. 긴 문장을 읽는 일이 어려워지고 한 가지 행동에 오래 집중하지 못하며 흥미를 쉽게 잃어버리는 폐단도 여기에 기인(起因)한다.

(9) 딥페이크 범죄

'딥페이크(Deepfake)'란 '딥러닝(Deep Learning)'과 '가짜[페이크(Fake)]'의 합성어로, '딥러닝 기술을 사용하는 인간 이미지 합성 기술'을 말한다. 한 사람의 얼굴을 학습한 뒤 다른 영상에서 얼굴을 바꿔치기 하는 기술을 의미하는 용어에서 유래되었으나, 현재는 실존 인물을 대상으로 하여 인공지능을 이용해 실제처럼 보이도록 조작하는 것 혹은 생성된 모든 오디오, 비디오, 사진 등을 총칭하는 의미로 확장되었다. 딥페이크를 이용한 범죄는 주로 여교사나 여학생들의 사진을 음란물과 합성해 단체 채팅방에 공유하는 방식이며 가해자의 75% 이상, 피해자의 절반 이상이 10대라는 충격적인 사실도 보도되고 있다. 전문가들은 10대들이 딥페이크 범죄의 심각성을 크게 인지하지 못하고 일종의 '일탈 놀이' 정도로 여기고 있으며, 자신들의 지위와 위세를 과시하는 도구로 사용하고 있다고 우려한다.

(10) 생각하기를 포기함

실리콘밸리[23]의 한 초등학교에서 신입생들을 대상으로 '질문의 형태와 방법'에 대해 수업하는 영상을 본 적이 있다. 피상적이고 쉬운 질문인 '얇은 질문[Thin Question]'과 많이 생각해야 하는 깊이 있는 질문인 '두꺼운 질문[Thick Question]'에 대해 알려 주고 그러

---

23) 실리콘 밸리(Silicon Valley): 미국 캘리포니아주 샌프란시스코 만 지역 남부를 이르는 말. 이 지역에 실리콘 칩 제조 회사들이 많이 모여 있었기에 붙여진 이름이며, 현재는 온갖 첨단기술 회사들이 모여 있어 전 세계적인 기술혁신의 상징이 되었다. 그만큼 매우 부유한 지역으로 손꼽힌다.

한 질문들을 만들어 보도록 하는 수업이었다. 실제로, 능력을 인정받아 구글에 스카우트된 한국의 모 대학 중퇴자 김○○ 씨는 인턴이나 신입 사원이 회의에서 자신의 의견을 손쉽게 이야기하는 것을 보고 큰 충격을 받았다고 한다. 주도적이고 창의적인 생각을 표현하면 늘 제재를 당해 왔던 한국의 교실 문화에서는 듣고 암기하고 주어진 문제를 빨리 해결하는 것에만 길들여진다며 이들의 열린 교육, 생각과 표현을 장려하는 교육을 부러워했다.

2010년 서울에서 열린 G20 폐막 기자회견에서 오바마 대통령이 훌륭한 개최국인 한국에 감사하다는 의미로 한국 기자들에게 질문권을 준 적이 있다. 당황한 한국 기자들은 아무도 손을 들지 못했고 어색한 정적만 흐르던 때 한 중국 기자가 아시아를 대표해 질문하고 싶다고 손을 들었으나 오바마 대통령은 한국 기자들에게 질문권을 준 것이라며 허락하지 않다가 아무리 기다려도 질문을 하려 드는 한국 기자가 없자 결국 그 중국 기자에게 질문권이 넘어가 버렸다. 흔히들 똑똑하고 당차고 예리하다고 생각되는 직업군이어서일까? 국민들의 충격이 컸다.

이는 창의적인 생각이 억압당하는 사회 분위기, 모른다는 것 즉 자신의 불완전함을 드러내기를 꺼리는 마음, 남의 눈치를 살피는 문화[24]도 한몫했겠지만, 깊이 있는 생각과 좋은 질문에 대한 훈련이 제대로 이루어지지 않았기 때문이기도 하다. 지금 우리 교육 현장은 수업에 변화가 있어야 한다며 '깊이 있는 학습을 통한 성찰'의 필요성을 내세우고 있지만 실제 현실은 영아를 제외한 만 2세 이상의 어린아이들에게까지 스마트폰을 들려줌으로써 깊이 있는 생각의 기회를 앗아 가고 있다. 책을 읽다 궁금한 점이 생기면 앞으로 돌아가서 찾아보고 고민해 보다가 다시 돌아올 수 있지만, 빠르게 흘러가는 영상을 시청하다가 잠깐 멈추고 앞으로 돌아가서 생각하기란 쉽지가 않다. 의문이 생겼던 대목을 다시 찾기도 어렵고, 잠시 멈추려는 순간 다음 자극이 계속해서 들어오기 때문에 그냥 새로운 자극을 좇아가 버리고 마는 것이다. 점점 '잠깐 멈추어 생각하고 답을 하는' 'Stop and think'가 어려워질 뿐만 아니라 '스스로 생각하는 힘'과 '깊이 있게 질문하는 능력'도 기대하기 힘들어지고 있다.

---

24) 《주간 조선》이 서울의 한 사립대학 교양수업 수강생 205명을 대상으로 실시한 설문조사에서 '수업 시간 중에 질문한 적이 있다'고 응답한 학생은 모두 65명으로 31.7%에 그쳤다. 나머지 70% 가까운 학생에게 한 번도 질문한 적이 없는 이유에 대해 물었더니 '궁금한 것을 질문으로 표현하기가 쉽지 않아서', '수강생이 많아 용기가 나지 않아서', '주변 학생들이 수업 진행에 방해를 받는다고 생각할 것 같아서', '다 아는 내용을 나만 모르고 질문한 것일까 봐 걱정돼서'라고 응답했다.

제대로 알기

(1) 예상을 빗나간 디지털 격차

뉴욕타임스에 'The Digital Gap Between Rich and Poor Kids Is Not What We Expected —디지털 격차가 예상과 다르게 전개되고 있다—'(2018. 10. 26.)라는 기사가 실린 적이 있다. 과거 전통적 정보격차론을 믿은 대다수의 사람들은 '부자들은 쉽게 디지털 기기를 구입해서 수많은 정보를 수집·활용하지만, 가난한 사람들은 비용 부담 때문에 정보화 시대에 뒤떨어지게 될 것'이라 생각했고, 이러한 격차를 줄이기 위해 많은 국가에서 서민층에 기기를 보급하고 그들을 대상으로 기술 교육을 강화해 왔다. 하지만 실제 상황은 예상과 다르게 '빈곤 계층일수록 디지털 기기를 과다 사용'하는 경향을 보였다. 이 기사에 따르면 미국의 경우, 저소득층의 10대가 디지털 미디어를 사용하는 시간이 평균 8시간 7분이었던 반면 고소득층의 10대는 미디어 사용 시간이 평균 5시간 42분이었다. 이러한 저소득층의 장시간 미디어 사용은 '학업 부진, 소통 능력 악화, 사회적 기술의 부진'으로 이어져 또다시 사회·경제적 격차를 벌이는 결과를 낳았다.

(2) 자녀를 기술로부터 떼어 놓으려는 노력

미국 캘리포니아주 샌프란시스코 남쪽에 위치한 실리콘밸리(Silicon Valley)에는 애플(Apple), 구글(Google), 메타(Meta, 구 페이스북), 테슬라(Tesla), 넷플릭스(Netflix) 등 세계적인 IT 기업이 몰려 있다. 이곳 실리콘밸리의 경영진들은 일반적으로 자녀들의 스마트폰 사용을 엄격히 제한한다. 애플(Apple)의 스티브 잡스(Steven Paul Jobs)는 자녀에게 아이폰이나 아이패드 사용을 허락하지 않았으며, 마이크로소프트(Microsoft)사의 빌 게이츠(Bill Gates)는 자녀가 만 14세가 되기 전까지 스마트폰 사용을 허락하지 않았고 15세 넘어서는 허락하되 사용 시간을 제한했다.

실리콘밸리의 경영진들이 자녀들을 가장 많이 보낸다는 발도르프 학교(Waldorf School of The Peninsula, 유치원부터 고등학교까지 운영)는 수업에 스마트폰과 태블릿은 물론 컴퓨터나 빔프로젝터조차 활용하지 않고, 집에서도 디지털 기기를 사용하는 것을 제한한다. 대신 종이책과 칠판으로 공부하고 여러 가지 재료를 이용해 손으로 직접 만들어 보고 서로 머리를 맞대어 의논하면서 이러저러한 시도와 실험을 하게 한다. 이곳의 아치 더글라스 교장은 '스마트폰과 같은 최첨단 기기들이 아이들의 창조적인 생각과 원만한 인간관계, 집중력 등에 좋지 않은 영향을 미친다'며 '밖에 있는 컴퓨터를 다루기 전에 내 안의 컴퓨터를 다루는 법을 먼저 배워야 한다'고 이야기한다. 부유한 IT 전문가들이 이토록 자녀의 디지털 기기 사용을 제한하는 이유가 무엇일까? 기술의 긍정적·부정적 영향을 누구보다 잘 알고 있기 때문이 아닐까.

이에 대해 권장희 소장은 『스마트폰에서 아이를 구하라』에서 다음과 같이 설명하고 있다. 예를 들어 애플사에서 아이폰 하나를 만드는 데 총 100원의 비용이 든다면 그중 부품값이 30원, 조립하는 OEM 해외 노동자의 인건비에 5원이 들고 나머지 65원은 애플사에 돌아간다는 것이다. 이것을 학습의 단계로 설명하면 '입력 - 정리 및 분류 - 출력' 3단계 중 2·3단계인 '정리 및 분류'와 '출력'을 실행하는 애플사 디자이너와 같은 이에게 보다 많은 수익(65원)이 돌아가고, 큰 사고(思考) 과정 없이 시키는 일을 단순히 수행한 노동자에게는 적은 수익(단 5원)만 돌아간다는 것이다. 실리콘밸리의 경영진들은 이러한 생리를 너무나 잘 알고 있기에 자신의 자녀를 '기기에 의존하지 않고 스스로 생각하고 분류·출력하는 65원짜리 인생을 만들고자' 애쓰고 있다는 것이다.[25] 생각하는 힘을 잃어버리면 지배하는 것이 아니라 지배당한다는 것을 알기에…….

(3) 스마트 수업의 학교

반면, 근처의 빈곤한 공립학교는 학생들에게 아이패드를 주며 '스마트 수업'을 열심히 진행하고 있다. 교육재정이 부족한 유타주나 미시시피주가 특히 그렇다고 하는데, 이들 주에는 코로나-19가 발생하기 훨씬 이전부터 '비대면 유치원(스크린 기반 유치원)'이 있었다고 한다. 집 안 화면 앞에 앉아 인간관계 대신 기술을 이용해 값싼 교육을 받고 있는 것이다.

우리나라도 2015년까지 학교에서 종이 교과서를 몰아내고 태블릿 등의 디지털 기기로 수업을 하겠다고 발표한 적이 있다. 그 뒤에도 여러 차례 '스마트 교육', '스마트 수업', '디지털 교과서', 'AIDT(Artificial Intelligence Digital Textbook)' 이야기는 계속되고 있고 찬반 논란도 뜨겁다. 많은 교사들이 디지털 교과서에 대해 우려의 목소리를 내고 있어 'AI 디지털 교과서를 희망하는 학교와 학년이 자율적으로 선택'하도록 하거나 일부 과목은 전면 폐지하는

---

[25] 권장희, 『스마트폰에서 아이를 구하라』, 마더북스 (2018), 163~165쪽

등 호기로운 첫 발표와는 다른 국면을 맞이하고 있다.

한편, 많은 중·고등학교에서는 면학 분위기 조성과 효율적인 생활 지도를 위해 학생들의 스마트폰 사용 및 소지를 금하고 있다. 그런데 일부 학생들이 이에 대해 인권 탄압이라며 국가인권위원회에 진정을 냈다. 학교 측은 수업 중 휴대전화 사용이 교사의 수업권을 방해한다고 맞섰지만 인권위는 학생들의 통신의 자유에 대한 침해가 더 크다고 판단해 교내 휴대전화 사용 금지를 완화하라고 권고하여 논란을 불러일으켰다.

다른 나라의 학교들은 어떨까? 미국의 경우 캘리포니아 등 33개 주정부에서는 SNS가 청소년 정신건강에 피해를 준다며 소송이 진행되었고, 청소년 혹은 부모 단체가 국가에 '소셜 미디어 계정을 만들 수 있는 최소 연령을 규제하라'고 압력을 넣고 있다. 실제로 미국의 플로리다주에서는 2024년 초부터 14세 미만의 아이들이 소셜 미디어를 사용할 수 없으며, 유타주에서는 2025년 3월부터 18세 미만이 SNS에 가입할 때 보호자의 동의를 얻어야 한다. 덴마크, 스페인, 프랑스에서는 15세 혹은 16세 이하의 청소년들이 부모의 허락 없이 소셜 미디어 계정을 만들 수 없도록 하는 법안이 추진 중이다. 호주의 앤서니 앨버니지(Anthony Albanes) 총리는 16세 미만의 SNS 이용을 법으로 금지하겠다고 선언했으며, 대만은 18세 이하 청소년이 디지털 기기를 지속적으로 사용하는 것을 금지하고 30분마다 휴식할 것을 권고하고 있으며, 자녀들의 휴대전화를 관리하지 못한 부모에게는 벌금을 내도록 하고 있다.

(4) 디지털 교육의 배경

'애플과 구글은 브랜드 충성도가 형성되기 시작하는 어린 나이에 학교에 제품을 보급해 학생들을 대상(고객)으로 만들기 위해 치열한 경쟁을 벌이고 있다.' 이는 위에서 언급한 뉴욕타임스의 기사('The Digital Gap Between Rich and Poor Kids Is Not What We Expected')의 한 부분이다.

한편, 2024년 1월 31일 미 워싱턴 D.C. 국회의사당에서는 '온라인 아동 안전'을 주제로 청문회가 열렸다. 미국에서 온라인 아동 성 학대 신고는 2023년 3천6백만 건으로 사상 최고치를 기록했는데 페이스북에서만 2천만 건이 넘었다. 조시 홀리(Josh Hawley) 공화당 의원은 페이스북의 모회사인 메타플랫폼의 최고경영자 마크 저커버그(Mark Zuckerberg)에게 '당신의 제품이 사람을 죽이고 있다'며 '이 자리에 있는 피해자 가족들에게 사과하라'라고 다그쳤다. 소셜미디어 알고리즘에 대해 변호하느라 바쁘던 저커버그는 결국 고개를 숙이며 이렇게 사과했다.

"여러분이 겪은 모든 끔찍한 일에 대해 송구합니다. 아무도 여러분의 가족이 경험한 것과 같은 일을 겪어서는 안 됩니다."

페이스북의 불법 성 착취, 집단 따돌림 등으로 자녀를 잃은 부모들은 항의의 의미로, 사망한 아이들의 사진을 마크 저커버그 앞에서 높이 들어 올렸다.

미국 소셜 미디어 연구기관인 '어카운터블 테크(Accountable Tech)'는 세계 최대 소셜 미디어인 페이스북에 대해 응답자의 71%가 '(페이스북이) 사회적으로 해가 되는 것을 알면서도 이익을 우선시한다'고 했고, 56%는 '공동체를 분열시키고 사람들을 멀어지게 하고 있다'고 응답했다고 밝혔다. 전창배 한국인공지능윤리협회 이사장은 "빅테크 기업들은 광고 수익이 지상 과제이기 때문에 알아서 정화하게끔 내버려둬선 안 된다"라고 역설했다.

위와 같은 논란에도 불구하고 디지털 기기 사용의 빈도 및 콘텐츠 정화의 문제가 쉽사리 정리되지 않는 것은 자본과 정치가 이해관계에 있기 때문이다. 디지털 교과서나 스마트 수업 등도 마찬가지다. 우리나라의 진정한 발전을 위해 '무엇을 취하고 무엇을 버려야 할 것인지' 사회 구성원 모두의 진지한 성찰이 요구되는 대목이다. 더불어 잊지 말아야 한다. 기술 과잉 시대에 필요한 교육은 기술을 보태는 것이 아니라 이미 넘치는 기술을 비판적이고 선별적으로 사용하도록 가르치는 것이라는 것을.

4

방법이 있을까?

(1) 건강한 유년기, 청소년기

『불안 세대』의 저자 조너선 하이트(Jonathan Haidt) 박사는 2010년~2015년 사이에 유년기 아동의 모습이 확 바뀌었다고 하며 이를 '아동기의 거대한 재배열(the Great Rewiring of Childhood)'이라고 명명했다. 설명하자면, 미디어가 발달하기 전, 1990년대 이전의 어린이들은 어른이 일하는 동안 한곳에 모여 또래 공동체를 형성하고 갈등과 협상을 통해 사회적 규범을 배워 나갔다. 하지만 미디어의 발전으로 아동 대상 범죄에 대한 보도가 늘어나고 부모가 아이들의 안전에 대해 극도로 불안해하게 되면서, 자녀들에게 밖에서 뛰어노는 것 대신 집에서 인터넷 화면을 보면서 고독하게 어린 시절을 보내도록 했다. 이렇듯 현실 세계에서는 과보호되고 가상 세계에서는 방임을 경험하게 되는 것, 이렇게 바뀐 아동기를 두고 '아동기의 거대한 재배열'이라고 일컫는다.

조너선 하이트 박사는 인터넷으로 정보를 검색하고 블로그를 쓰던 때에서 2006년 페이스북의 공유 기능, 2009년 트위터 리트윗의 등장으로 인해 SNS가 더욱 흥미로워진 데다가 초고속 인터넷과 인스타그램의 등장으로 인해 2010~2015년 사이 전 세계 청소년들의 정신건강이 크게 나빠졌다고 말한다. 이때 불안, 우울증, 자살 충동을 느끼는 청소년의 비율이 치솟았는데 특히 여자아이들의 우울증 비율이 남학생에 비해 훨씬 높아졌다고 밝혔다.

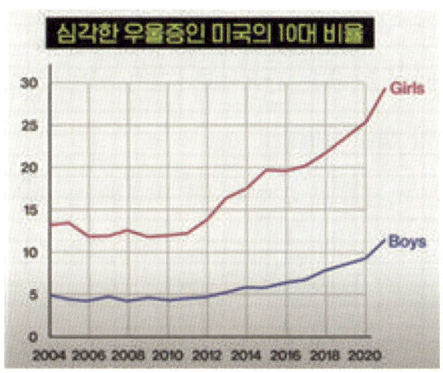

미국의 10대 우울증 비율
출처: 미국 국가 의약품 사용 및 건강 실태 조사
(U.S. National Survey on Drug Use
and Health, 2024)

젊은 세대에 대한 기성세대의 염려는 역사 이래 늘 있어 왔지만 대체로 당시 젊은이들은 기성세대의 염려를 '과하다' 여기며 인정하지 않았다. 그러나 지금의 청소년들은 기성세대의 염려에 공감하며 '우린 기술에 중독되었고 그 기술은 우리에게 해로워요'라고 말한다. 게다가 뜻있는 학부모 혹은 청년 단체와 힘을 합쳐 IT 회사에 압력을 가하기도 한다.

고등학생들과의 수업 중, 현시대의 다양한 측면에 대해 서로의 생각을 나누다가 "자녀에게 스마트폰을 언제 주면 좋을까?", "너희는 언제 줄래?"라고 물으니 대체로 "최대한 늦게요"라고 한다. 위에서 '우린 중독되었어요'라고 시인한다는 청소년들처럼……. 스마트폰으로 인해 얼마나 많은 시간과 에너지가 낭비되고 있는지 매일같이 경험하고 있기 때문이리라.

태어나 보니 스마트폰이 있었던 이 불행한 아이들은 기기 문명의 편리함과는 절대 바꿀 수 없는, '스스로 찾고 발견하고 생각해 내는 쾌감'을 많이 느껴 보질 못했다. 대신 정신적 피폐함 속에서 오늘도 길을 잃고 무의미하고 짧은 쾌락 가운데 하루를 보내고 있다. 게임으로 인해 생각과 언행이 난폭해지는 남자아이들도 안쓰럽고, SNS를 통해 끊임없이 타인과 자신의 삶을 비교하고, 대면도 아닌 사이버상에서 좋은 관계를 유지하느라 애쓰고 있는 여자아이들의 고달픔도 애처롭다. 우리나라의 행복지수가 낮고 10대 청소년, 특히 여자아이들의 자살률이 높은 것이 이러한 정신적 아픔과 무관하지 않음을 기억해야 할 것이다.

(2) 모든 어른이 함께

행복지수는 대체로 10~20대는 높고 중년에 떨어지다 노년에 가면 다시 오른다고 한다. 그러나 인터넷과 스마트폰의 영향으로 2010년대 이후부터는 젊은 층의 행복지수마저 크게 낮아졌다. 독립성을 강조하는 개인주의적인 사람일수록 스마트폰의 폐해는 더 크게 나타나기에 어른 세대보다 상대적으로 혼자 노는 것에 익숙한 젊은 세대에게 악영향이 더 크게 작용하는 것이다.

앞에서 말한 조너선 하이트 박사는 14세가 되어서야 스마트폰을 주고 16세 이후에야 SNS를 허용해야 한다고 주장한다. 적어도 고등학교 진학 이전에는 스마트폰을 금지해야 하며 SNS는 더 나중에 허락해야 한다는 것이다. 덧붙여 종교적이거나 보수적인 집안에서는 엄격한 규율로 인해 피해가 덜하다고 말하는데, 실제로 초등학교 5학년을 앞둔 내 자녀는 학교에서는 스마트폰이 없는 아이가 혼자뿐이지만 교회에는 그러한 친구들이 꽤 있다. 신앙으로 아이를 교육하고자 하는 부모들은 엄한 규율과 많은 대화로 아이들의 무분별한 스마트폰 사용을 (힘겹지만) 막아 내고 있는 것이다.

고단한 학교 일과를 마치고 학원에서 또 수업을 듣느라 뛰어놀 시간은커녕 잠잘 시간도 많지 않은 우리 아이들이 겨우 생기는 자투리 시간 —쉬는 시간, 식사 전후, 잠자리에 들기 전 등— 마저 스마트폰으로 낭비하고 있다.

'현실에서는 과잉보호, 온라인에서는 방치!'

이러한 아이러니에서 우리 아이들을 건져 내야 하지 않을까? 건져 내서 돌려주자, 어른의 감시 없이 흙으로 요리도 하고 돌이나 나뭇가지로 땅도 차지해 가며 울고 웃고, 엄마도 됐다가 형님도 됐다가 하는 건강한 유년기를……. 마구 뛰어놀면서 자기 몸을 쓰는 방법도 익히고, 서로의 눈빛을 읽어도 보고, 남을 위한 배려도, 자신을 드러내는 주장도 해 보면서 다양한 갈등에 대처하는 '힘 있는 사람'으로 성장하도록 돕자.

혼자서는 힘이 든다. 아무리 아이가 스마트폰의 폐해를 잘 인지하고 있다고 하더라도 주변 친구들이 사용하면 자기도 갖고 싶어진다.[26]

---

26) 김선미의 『지랄발랄 하은맘의 육아내공 100』에는 '(스마트폰을) 안 사 주면 전쟁, 사 주면 지옥'이라는 말이 나온다. 안 사 주면 전쟁이 일어나는 큰 이유는 주변에서 친구들이 사용하고 있기 때문이다. '모두'가 사용하지 않는 분위기가 되면 IT 기술을 이용해 지금보다 더 지혜롭게 교육할 수 있을 텐데 말이다. 더불어 학교 수업도 스마트폰이 아니라 학교에서 제공하는 태블릿 PC로만 진행하고 학급 내 소통망도 조금 불편하더라도 스마트폰이 아닌 다른 방법을 찾아서 활용한다면 '친구 따라 강남 가'야 하는 현실이 개선될 수 있을 텐데 애석하다.

온 사회가 힘을 합쳐서 우리 아이들을 지켜 내야 한다. 아이를 '믿지 못해서'가 아니라 '보호하기 위해서' 스마트폰을 금하고, 마음껏 뛰어 놀 수 있는 장(場)을 더 다양하게 만들어 주자. 이미 너무 많이 와서 요원(遙遠)해 보이는 것이 사실이지만, 다른 나라의 움직임처럼 지금이라도 함께 한다면 분명, 우리 아이들을 다시 살릴 수 있을 것이다.

One Point 정리

- 말씀 암송과 나눔 / 부모 및 친구와의 관계

부모가 만난 하나님을 항상 아이에게 들려주고, 말씀을 가슴 깊이 간직할 수 있게 도와줌으로써 아이가 어릴 때부터 하나님의 가치관으로 무장하도록 돕자. 더불어 부모의 한계를 아이 앞에서 고백하고 하나님의 마음으로 아이를 바라보자.

- 독서 / 학업

거실에는 TV 대신 테이블을 두고 가족 구성원 모두 함께 책을 읽자. 학업도 독서로 시작하고 아이의 '결정적 시기(발달 과업을 기대할 수 있는 적정한 시기)'를 고려해서 스스로 즐겁게 할 수 있도록 돕자.

- 스마트폰

절제보다는 금지! 하나님의 자녀들이 헛된 것에 시간과 감정을 허비하지 않고, 몸과 마음이 병들지 않도록 사회 모두가 '함께' 최선을 다해 돕자.

VII
하나님의 마음

　목사님과 자녀 교육에 관해 오랜 시간 대화를 나눈 적이 있다. '부모의 사랑은 너무 뜨거워서 아이가 델 수 있다'며 '적절한 거리를 둘 수 있어야 하고, 교회가 많은 사랑을 주면서 함께 키워 가야 한다'고 하셨다. 주일학교 교사가 힘은 많이 들지만, 아이들의 삶이 더 잘 보여 애틋해지는 행복이 있다. '내 아이'에서 '우리 아이'로 눈을 넓히고 적절한 거리와 온도로 이들의 성장을 돕자.

　나에게는 세 가지 꿈이 있다. 첫째, 하나님이 주신 자녀를 하나님의 뜻 안에서 잘 양육하여 흔들리지 않는 믿음의 사람이 되도록 돕는 것이다. 둘째, 매년 맡겨 주시는 학교의 제자들이 살아 계신 하나님을 만나 참 행복을 누리도록 돕는 일이다. 셋째, 로이스가 되어 내 딸이 낳을 아이를 디모데로 키우는 것이다. 조부모로서 손주를 단지 육체와 정신적으로만 강건케 하는 것이 아니라 하나님의 사람으로 성장하도록 나의 최선을 다해 도울 것이다. 이 꿈들을 생각하면 가슴이 뛴다. 이것 때문에 아무것도 아닌, 말도 못 하게 부족한 나를 소명의 사람으로 세워 비전을 주시고 행동케 하신다. 그 은혜에 늘 젖어, 하나님의 뜻을 물어가며 끝까지 하나님의 대사로서의 삶을 살아갈 것이다.

'주일학교'가 없는 교회가 70%를 넘었다며 '한국교회도 이제 곧 문을 닫겠다'는 말이 심심찮게 들린다. '다음 세대는 이미 끝났어. 교회 와서 입도 안 떼는, 부모에게 끌려 나와 겨우 앉아만 있는 애들이 뭘 하겠어.' 크게 줄어드는 기독교인 수, 맥없어 보이는 청소년들, 현실의 장벽 앞에 고민 많은 대학·청년들을 보면서 이처럼 다음 세대에 대해 더 이상 희망을 이야기하지 않으려는 이들이 있다.

바벨론 포로 생활에서 귀환한 이스라엘 백성들이 무너진 성전을 재건하려 할 때도 '이전의 솔로몬 성전에 비해 너무 보잘것없다'는 내부의 애통함이 있었다.

> 제사장들과 레위 사람들과 나이 많은 족장들은 첫 성전을 보았으므로 이제 이 성전의 기초가 놓임을 보고 대성통곡하였으나 여러 사람은 기쁨으로 크게 함성을 지르니 백성이 크게 외치는 소리가 멀리 들리므로 즐거이 부르는 소리와 통곡하는 소리를 백성들이 분간하지 못하였더라 (에스라 3:12~13)

하지만 우리 하나님은 다르게 말씀하신다.

> 그러나 여호와가 이르노라 스룹바벨아 **스스로 굳세게 할지어다** 여호사닥의 아들 대제사장 여호수아야 **스스로 굳세게 할지어다** 여호와의 말이니라 **이 땅 모든 백성아 스스로 굳세게 하여 일할지어다 내가 너희와 함께하노라** 만군의 여호와의 말이니라 너희가 애굽에서 나올 때에 **내가 너희와 언약한 말과 나의 영이 계속하여 너희 가운데에 머물러 있나니 너희는 두려워하지 말지어다** … 내가 이 성전에 영광이 충만하게 하리라 만군의 여호와의 말이니라 … 이 성전의 나중 영광이 이전 영광보다 크리라 만군의 여호와의 말이니라 내가 이곳에 평강을 주리라 만군의 여호와의 말이니라 (학개 2:4~9)

지난여름 'The Wave(학교 기도 불씨 운동)' 집회에 아이와 함께 참석했었다. 중간중간 각 학교의 기도 모임을 시청했고 각 학교 대표 학생들의 인도를 따라 함께 기도했다.

복직한 해 하나님께서 '학생들과 기도하라'는 마음을 계속 부어주셔서 몇몇 선생님들께 그 마음을 나누고 이듬해인 2023년, 기도 모임을 시작했다. 아침 7:30, 몇 안 되는 고1~3학년 학생들과 주 2회 모여 말씀을 나누고 찬양을 드리고 기도를 했다. 어느 날 간사가 된 졸업생이 찾아와서 "선생님, 요즘 학교 곳곳에서 기도 모임이 일어나고 있는 거 아세요? 우리 학교도 기도 모임을 하고 있다니 놀라워요."라고 해서 소름이 끼쳤다. 이듬해인 2024년, 아무도 권하지 않았는데 갓 입학한 김민규라는 학생이 자진해서 아이들을 모으더니 주 2회, 점심시간에 15명 정도 꾸준히 모여 기도를 한다. 앞서 언급한 'The Wave' 집회는 우연인 듯 보이는 학교 곳곳에서의 작은 마음들이 결코 우연이 아니라 하나님의 계획 안에서 이루어진 매우 커다란 사건이었음을 확인한, 감격의 시간이었다.

'코로나-19' 때, 하나같이 마스크로 입을 가리며 예상치 못한 나날을 보내고 출근도 등교도 못 하며 온라인을 통해 예배를 드릴 때…… 나는 두려운 마음이 일었다. 무엇보다 이 일에 깃든 하나님의 마음이 무엇인지가 참으로 궁금했다. 교회에 모이지 못하는 현 상황이, 지금까지의 우리 예배가 차지도 뜨겁지도 않은, 중심이 다른 데 가 있는 예배였기에 '난 너희 예배 안 받으련다' 하신 하나님의 마음으로 인한 건 아닌지 우리의 모습을 한없이 돌아봤다. 때문에 다시금 모여 예배드릴 수 있게 되었을 때도 감사한 마음 한편에는 걱정이 있었다. '우리 예배가 흡족해서 다시 모으신 건 아닐 텐데…… 예전에 비해 우리가 더 나아진 것이 없다면, 지금 이 모습 이대로 정말 괜찮을까?'

코로나-19 이후 많은 이들이 교회를 떠났다. 하지만 남겨 놓으신

그루터기들은 분명 존재한다. 그리고 나는, 자녀를 하나님의 사람으로 양육하고자 소원하는 우리가 바로 그 그루터기가 아닐까 감히 상상하며 소망한다. 하나님은 이런 우리와 우리 자녀를 통해 하나님의 일을 하기를 원하신다. 그리고 오늘도 하나님이 손수 만들어 두신 세상과 주위 사람들, 그리고 나 자신을 향해 하나님의 이야기를 써 내려가고 계신다. 깨어 그 이야기를 살피고 사랑하는 우리 자녀가 자신을 향한 주님의 이야기를 읽어 내도록 돕자. 그런 다음 그 자녀가 주위 사람들을 향해 '당신에게 이루어 가시는 하나님의 일'을 보게 하고 함께 하나님의 나라를 세워 가도록 돕자.

에필로그

 태어나 보니 우리 집은 기독교 집안이었다. 깨끗한 동전을 발견하면 성경책 모양의 빨간색 저금통에 습관처럼 넣었고 주일마다 거기서 동전을 꺼내 들고는 한창 재미있어지는 만화 영화를 뒤로하고 교회로 향했다. 중학교 땐 수요일에도 성가대를 서야 해서 학교 마치면 바로 교회엘 갔고, 고등부 때도 주일학교 임원을 하며 당연하게 교회 생활을 이어 나갔다. 그러다 문득 이런 생각이 들었다.

 '죽어서 봤더니 이게 다 거짓말이면 난 어쩌지? 내 돈과 이 많은 시간은 누가 보상해 주지?'

 가슴이 철렁했다. 제대로 알아야 했다. '우리 가정이 믿어서'가 아니라 '내가' 판단해야 했다. 하나님은 나의 이런 의문을 싫어하지 않으시고 많은 상황을 통해 하나님이 살아 계시며 말씀이 진리라는 것을 알려 주셨다. 나는 이러한 의심이 필요하다고 생각한다.

  이런 스토리를 이야기하면 믿지 않는 아이들도 관심을 보인다. 저렇게 맨날 '하나님 하나님' 하는 사람이 사실은 본인도 믿지 못했다니 하면서…….

  '이야기'다. 그냥 아이들에게 내 삶을 이야기한다. 『난장이가 쏘아 올린 작은 공』을 공부하며 소외된 사람들의 마음을 이야기하듯, 마음이 아픈 아이들을 바라보며 '버섯 이야기'[27]를 들려주듯……. 소설이나 우화가 아닌, 진짜 내 이야기를 들려준다. 내가 느낀 의문과 그것이 풀려 가는 과정들, 그리고 지금의 내 확신들.

  자녀에게도 마찬가지다. 나의 부끄러운 모습들, 내게 일어난 기묘막측한 일들을 마구 털어놨더니 이제는 아이도 자신을 향한 하나님의 놀라운 역사를 그 작고 귀여운 입술로 재잘재잘 이야기한다.

---

27) 네델란드 작가 '프레데리크 반 에덴(Frederik Van Eeden)'의 동화집 『작은 요하네스(de kleine johannes)』에 실린 이야기다. 아들과 산책을 가던 아버지가 길섶에서 버섯 무리를 발견하고는 "얘야, 저건 독버섯이란다. 먹으면 죽어."라고 했다. 그 말에 어린 독버섯이 "아, 내가 저렇게 예쁜 애를 죽일 수 있는 존재라니!"라며 쓰러지자 다른 독버섯이 친구의 어깨를 받치며 말했다. "저건 인간의 논리야. 넌 쟤네 먹으라고 태어난 게 아니라 나랑 친구하려고 태어난 거야."
나는 종종 이 이야기를 성적, 평가, 외부의 잣대 등으로 힘들어하는 소중한 아이들에게 들려준다. 세상의 일방적인 잣대에 네 존재 가치가 흔들려서는 안 된다고…….

생각보다 뼈아프다. 교회에 등을 돌린 자녀가 쉽게 돌아오지 않아 부모들은 너무 오랫동안 가슴을 뜯으며 애태운다. 아무리 좋은 대학, 좋은 직장에 들어간다고 하더라도 그것이 자녀의 삶을 책임져 주지 못하고 온전한 행복을 가져다줄 수 없음을 잘 알기에 그 어떤 일보다 고통스럽다. 게다가 내 행복을 논하기에 앞서 우리는 하나님을 찬송하기 위해 태어난 존재이기에 그 삶의 목적을 놓아 버려서는 참 행복을 누릴 수가 없다.

하루에도 몇 번씩 '내가 이런 걸 써도 될까?'라는 생각이 들었다. 말씀 암송과 관련한 것들이나 내가 체험한 기쁨들, 꼭 알려 드리고 픈 비밀스러운 일들을 적어 나갈 때는 힘이 솟지만 우리 가정, 내 아이의 실생활을 말할 때면 조심스러웠다. 자칫 잘못하면 자랑이 될 수도 있고, 학원이나 스마트폰 사용 등 다른 이들의 방법을 부정하는 것이 될 수도 있으니……. 게다가 명문대 입학 등 세상적 잣대의 거창한 성과를 낸 이후도 아니고, 예전에 잘했던 걸 지금도 여전히 잘하고 있다 말할 수만도 없고……. 그럴 때마다 이 책이 하나님의 뜻인지 묻고 또 물었다. 그리고 하나님의 뜻이라면 집필할 시간도 달라고 구했다.

학교에서, 교회에서, 그리고 집에서조차 주어진 업무를 쳐내고 나면 몸도 남아나지 않지만 무엇보다 제대로 앉아 글을 쓰고 있을 여유가 없었다. 드문드문 앉아 조각조각 써 내려가며 글이 연결이 나 될 수 있을지 의아해하던 중 아이가 겨울방학 4일간 교육청 주관의 치어리딩 수업에 참여하게 되었다. 마침 방학이어서 태워다 주고 학부모 대기실에서 기다리면서 흩어진 글을 모으는데 매일매일 임하는 하나님의 은혜가 놀라웠다. 여러 경로를 통해 좋은 자료를 만나게 하시고 공유하고 싶은 중요한 메시지들을 마음속에 마구 마구 넣어 주셨다.

한편, 누군가의 메신저 프로필 사진을 보면 반가움도 잠시, 상대적 박탈감이 고개를 내미는 것처럼, 좋은 책을 덮고 난 충만감의 크기만큼 저자와의 괴리감으로 마음이 힘들기도 하다. 이처럼, 시도하기 쉽지 않은 이야기들의 나열로 인해 읽는 이들의 마음에 부담이 되지나 않을까 염려도 컸다. 하지만 이 책은 '이 정도는 해야지' 라며 부족함을 한탄케 하는 책이 아니라 '쉽냐구요? 매일 이렇게 사냐구요? 당연히 아니죠. 하지만 이 길을 걷기 원하시는 하나님의 마음 붙들고 같이 한 발짝만 가 봐요.' 하는 책이다. 이 마음이 나를 여기까지 오게 한 하나님의 방법이며 위로였다.

예전과 달리 참 어렵다. 학교에서 아이들을 가르치는 것도 교회에서 아이들과 삶을 나누는 것도……. 다른 세대를 살아가고 있음이 확실하다. 공감의 포인트가, 감성이, 관심사가, 할애하는 시간과 대상이, 목표가 너무나 다르다. 시대를 보는 눈도 다를 것이다. 어쩌면 아이들과 어른뿐 아니라 어른들 서로 간에도……. 하지만 진리는, 하나님의 마음과 목적은 동일하다. 주의 자녀인 우리가 하나님을 기뻐하고 하나님께 영광 돌리는 삶을 사는 것! 그 확실하고 변함없는 '존재 이유' 앞에서 흔들리지 말고 가면 된다. 세상이 나를 흔들어대도 '절대 가치인 하나님 손'만 잡고 걸으면 안전하고 확실하다.

주님이 맡기신 소중한 아이를 주님의 사람으로 자라도록 돕는 데 단 한 줄이라도 사용된다면 이 비루한 글의 소임은 완벽하다.

하나님이 하시면 다릅니다

ⓒ 이은희, 2025

초판 1쇄 발행 2025년 8월 1일

지은이   이은희
펴낸이   이기봉
편집   좋은땅 편집팀
펴낸곳   도서출판 좋은땅
주소   서울특별시 마포구 양화로12길 26 지월드빌딩 (서교동 395-7)
전화   02)374-8616~7
팩스   02)374-8614
이메일   gworldbook@naver.com
홈페이지 www.g-world.co.kr

ISBN 979-11-388-4589-2 (03230)

- 가격은 뒤표지에 있습니다.
- 이 책은 저작권법에 의하여 보호를 받는 저작물이므로 무단 전재와 복제를 금합니다.
- 파본은 구입하신 서점에서 교환해 드립니다.